漫畫 comics

希特勒

劇画ヒットラー

20世紀的狂人

水木しげる

水木茂

酒吞童子——訳

Adolf Hitler 1889——→1945

Mizuki Shigeru

GEKIGA HITTLER

目次 Contents

☆主要登場人物☆

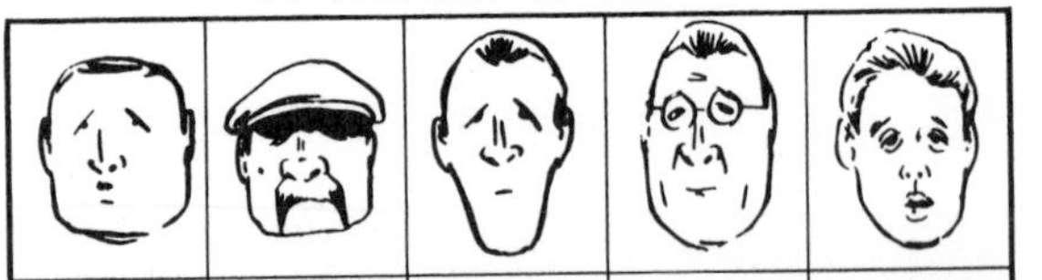

奧古斯特・庫比茲克
藝術青年希特勒唯一的摯友。一開始是因華格納的音樂結緣，幾年後再度重逢、延續友情。

安東・德萊克斯勒
納粹黨前身——德國工人黨的精神領袖。慕尼黑黨分部代表。主張民族主義的鎖匠。曾居於黨魁之位。

卡爾・哈勒
德國工人黨領袖。為全國黨代表。「政治工人圈子」（實為工人黨）黨魁。體育記者。

迪特里希・埃卡特
民族主義詩人，劇作家。改編易卜生《培爾・金特》。是希特勒的好友兼戰術指導。

古特里德・費德
提倡廢除利息奴隸制度的經濟學者。反對國際間的猶太資本家。曾任代理經濟部長。

恩斯特・羅姆
軍人。巴伐利亞民族主義的頭號人物之一。任衝鋒隊參謀長，卻於一九三四年遭肅清。

阿爾弗雷德・羅森堡
避難德國的波羅的海德意志人。後成為蘇聯東部佔領區局長。為納粹思想家。在紐倫堡審判中判處死刑。

魯道夫・赫斯
副元首。為求和平一人飛往英國。服役時以解放西歐藝文人士為訴求。一九八七年在獄中過世。

赫爾曼・戈林
空軍部長。蓋世太保的創立者。在紐倫堡審判中遭判處死刑，但在行刑前自殺。

保羅・戈培爾
天才宣傳家。擔任宣傳部長。少年時代因骨髓炎導致腳患殘疾，靠著意志力克服。夢想成為小說家。自殺。

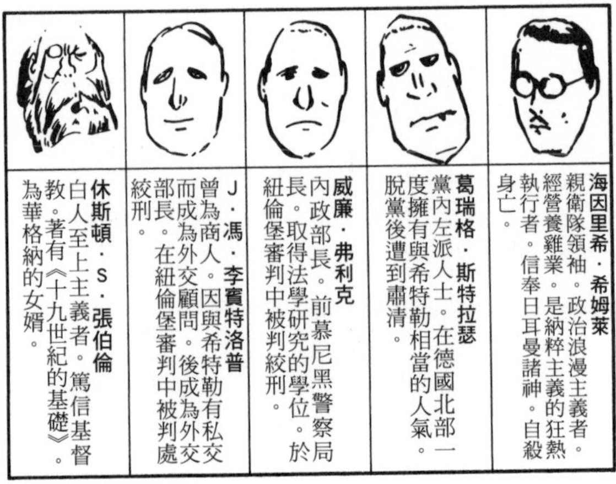

海因里希・希姆萊
親衛隊領袖。政治浪漫主義者。經營養雞業。是納粹主義的狂熱執行者。信奉日耳曼諸神。自殺身亡。

葛瑞格・斯特拉瑟
黨內左派人士。在德國北部一度擁有與希特勒相當的人氣。脫黨後遭到肅清。

威廉・弗利克
內政部長。取得法學研究的學位。前慕尼黑警察局長。於紐倫堡審判中被判絞刑。

J・馮・李賓特洛普
曾為商人。因與希特勒有私交而成為外交顧問。後成為外交部長。在紐倫堡審判中被判處絞刑。

休斯頓・S・張伯倫
白人至上主義者。篤信基督教。著有《十九世紀的基礎》。為華格納的女婿。

阿道夫・希特勒

☆ 主要登場人物 ☆

馬丁·鮑曼

在魯道夫前往英國後，成為代理黨主席。直到最後都一心擴張自己在黨內的權勢。生死不明。

亞伯特·史佩爾

裝備部長。建築師。為藝術家希特勒的好友。戰後雖成為戰犯，出獄後的他仍然相當活躍。出版回憶錄。

西奧多·莫瑞爾

希特勒的侍醫，據傳是個庸醫。以前曾在柏林開業，主治性病。

安潔拉·羅包爾

希特勒同父異母的姐姐。曾負責管理貝希特斯加登的別墅。潔莉的母親。

潔莉·羅包爾

安潔拉的女兒，容貌姣好。曾與希特勒有一段親密關係，但在一九三一年自殺。

伊娃·希特勒（原姓布朗）

希特勒的柏拉圖式戀愛對象總統隨行攝影師霍夫曼的模特兒兼助手。最後和希特勒結為夫妻。

埃里希·魯登道夫

在一戰時佔領列日要塞有功，戰後作為民族主義者反對威瑪共和國。

保羅·馮·興登堡

在一戰的坦能堡會戰中立下戰功，成為國民英雄。為威瑪共和國最後的總統。

古斯塔夫·馮·卡爾

巴伐利亞保皇派右翼人士。啤酒館政變時為巴伐利亞總理。在一九三四年的羅姆事件中受害喪生。

奧圖·馮·羅索

巴伐利亞邦國防軍司令。雖反對中央政府，但仍不得不鎮壓政變。

漢斯·馮·澤賽爾

巴伐利亞邦警察首長。鎮壓啤酒館政變。

法蘭茲·馮·巴本

第一次希特勒內閣的副總理。後擔任駐奧地利大使。在紐倫堡審判中獲判無罪。

庫爾特·馮·施萊謝爾

國防軍出身的總理。為權謀家。於一九三四年遭肅清。

弗里德里希·艾伯特

威瑪共和國首任總統。在波瀾萬丈的時代中被迫對抗極左、極右派。

康拉德·亨萊恩

為人處事溫和的銀行員。蘇台德德意志黨魁。期望三百二十五萬的德意志人能重回祖國懷抱。

貝尼托·墨索里尼

義大利的獨裁者。法西斯黨領袖。一九二二年進軍羅馬、取得政權。與情婦在米蘭遭槍殺喪命。

弗朗西斯科·佛朗哥

在德、義援助下率革命軍取得勝利。在二戰中維持中立。一九四七年自任終身的攝政王。

亞瑟·內維爾·張伯倫

二戰前夕的英國首相。約瑟夫·張伯倫的次男。就蘇台德問題對希特勒讓步。

溫斯頓·邱吉爾

軍人出身的英國首相。貫徹反希特勒主義。戰後反對蘇聯勢力擴張。撰寫回憶錄。

約瑟夫·史達林

蘇聯最高領導人。開除托洛斯基等人出黨。獨裁專制，執行蘇聯大洗清。對外則採取擴張政策。

維亞切斯拉夫·莫洛托夫

蘇聯外交部長。德、蘇開戰前兼任蘇聯領導人。既狡猾又有能力，連李賓特洛普都折服。

尼基塔·赫魯雪夫

一九五八年成為蘇聯領導人。德蘇戰爭時負責指揮烏克蘭防衛軍。一九六四年失勢，從此淡出政壇。

東條英機

日本開戰時的首相。一九四一年組閣。因戰爭連連失敗而辭職。在東京審判中遭判絞刑。

松岡洋右

作為日本首席代表宣布退出國際聯盟。後成為近衛內閣的外務大臣，簽訂日德義三國同盟、日蘇互不侵犯條約。

阿道夫・希特勒
於一八八九年四月二十日，
在奧地利的布勞瑙出生。
他從少年時代開始就立志成為畫家。
一九〇七年，十八歲時報考維也納的
美術學校，卻落榜。隔年再度失敗，
之後也未找到正職，過著流浪的生活。
假設他當年順利考上美術學校，
世界的歷史發展將截然不同。

希特勒在維也納流浪期間
讀了不少書，因而捨棄畫家志向，
改以成為建築師為目標，
有一說法是他當時的生活相當寬裕。
為了逃避奧地利的兵役，
希特勒搬到德國的慕尼黑居住。
一九一四年第一次世界大戰爆發，
希特勒自願加入德軍服役。
在戰場上他相當勇敢，從這時開始，
他隱藏的才能開始嶄露頭角。

NATSOZDEUT
STURMAB LUNG
STURMA LUNG
NATSOZDEU
STURM LUNG

在第一次世界大戰中戰敗的德國被迫割讓領土，且遭索討鉅額的賠款。
希特勒加入德國工人黨（之後的國家社會主義德國工人黨，即納粹黨），在短時間內掌握了黨的實權。
嘗試發表演說後，希特勒發現自己出乎意料地能言善道，並能感動聽眾，認為自己必是擁有某種神秘的力量。
他不只有好口才，還有超群的領導組織能力。此外他還是忠實的華格納迷，因此對政治表演駕輕就熟，令全德國國民傾心。

納粹勢力如日中天，希特勒就任
德國總理兼元首。接著成功吸收合併
鄰近諸國，一切都進行得太過順利。
希特勒的野心也逐漸擴大。最後發動
「巴巴羅薩作戰」，與大國蘇聯為敵。
「區區蘇聯只要衝破大門就能戰勝。」
德軍抱持著如此想法，僅準備了夏季軍服
就貿然進軍蘇聯，只能說是氣數已盡，
這年的冬天出奇地嚴寒，更是雪上加霜。
敵軍終於進逼到柏林市內……

高喊「一個民族，一個帝國，一個元首」的口號大張旗鼓固然是好事……但戰敗對於一個元首來說，看來還是過於沉重了。

世紀の独裁者
ヒットラー
第1章

眼前出現了一匹灰馬，而馬背上的騎士則名為死亡……
第二次世界大戰末期，德國
ザッ
ザッ
ザッ
ザッ
ザッ
ザッ
猶太人躲在閣樓裡，每天過著恐懼不安的日子。
ザッ
ザッ
ザッ
ザッ

*噠噠噠噠

*噠噠

*噠噠噠噠

*顫抖

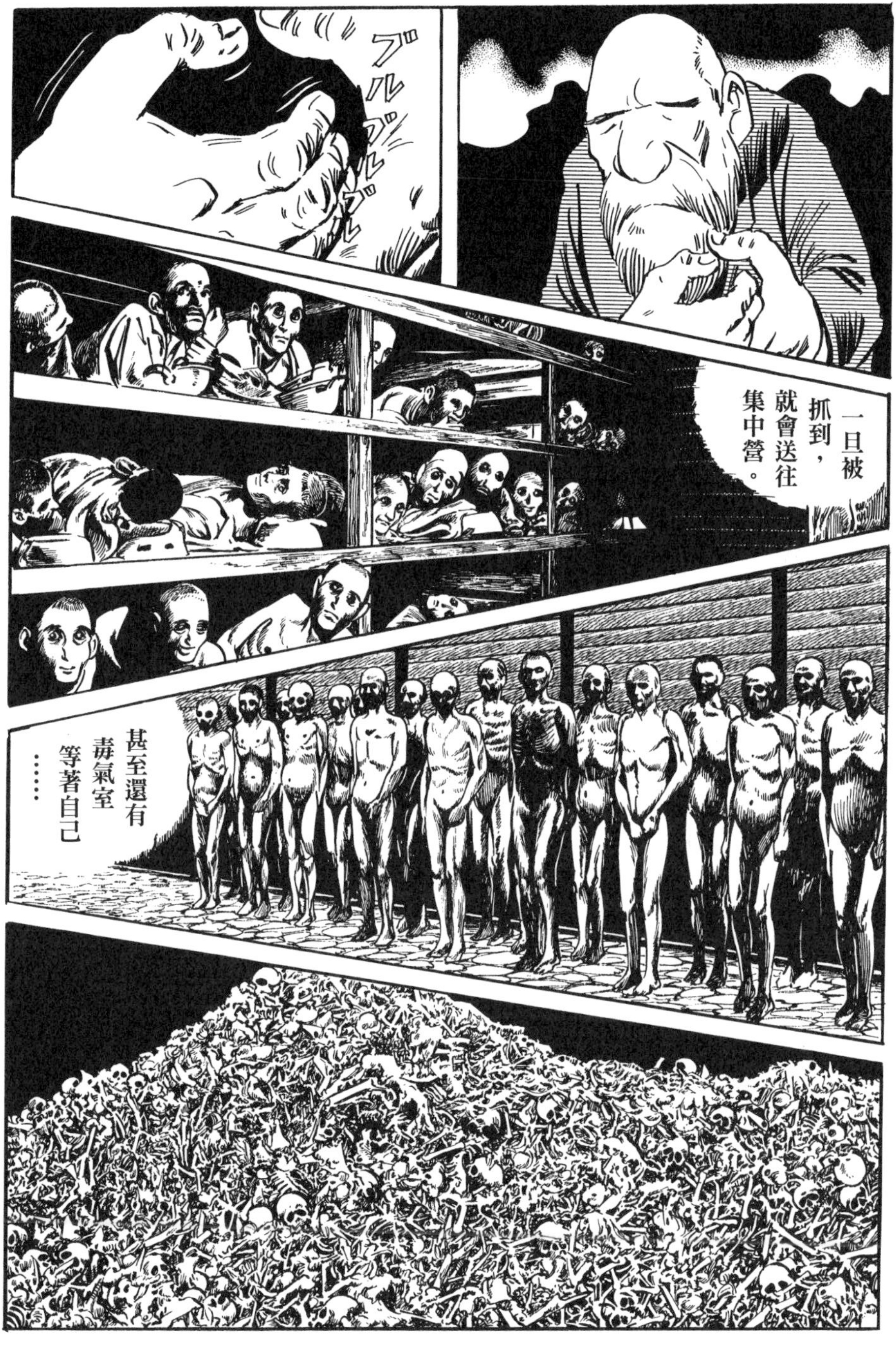
ブルブル
一旦被抓到，就會送往集中營。
甚至還有毒氣室等著自己……

就算再這麼躲下去，我們也遲早會落網喪命……
別提這檔事了。
啊，你兒子也是死在納粹手中的吧。
沒錯……
他只不過是生為猶太人罷了……生為猶太人，並不是我兒子的錯……
就算不是猶太人也無所謂。
他們只是想製造屍體而已。
ウ
啊，他們來了。

*嗚——

＊嗚嗚——

＊噠噠噠噠

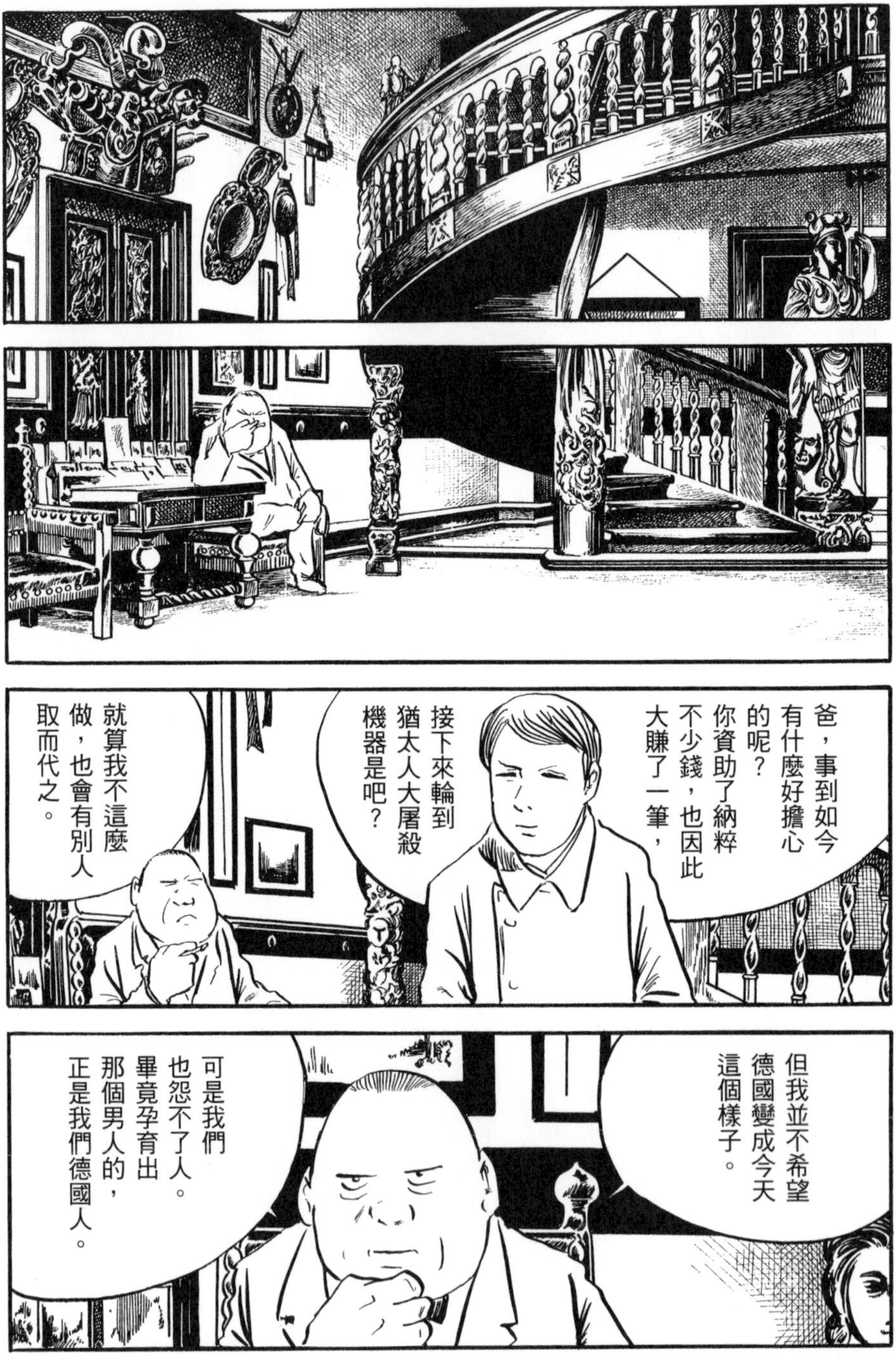
爸，事到如今有什麼好擔心的呢？
你資助了納粹不少錢，也因此大賺了一筆，
接下來輪到猶太人大屠殺機器是吧？
就算我不這麼做，也會有別人取而代之。
但我並不希望德國變成今天這個樣子。
可是我們也怨不了人。
畢竟孕育出那個男人的，正是我們德國人。

然而，我不明白的是，為何你們要放任他們一再踐踏法律。
畢竟你不可能不知道，唯有那條奇怪至極的法律才能保障你的財產。
但我至少還有足夠的財產和權力，來保住投身反抗運動的兒子性命。
是這樣的嗎？
你自己應該也知道，只要你還待在這裡的一天……
我很清楚。對於這個捨棄夥伴、回到自己身邊的兒子，你打從心底無法原諒。
無論如何，都逃不過這一關了。
別說了，現在的你已經什麼都辦不到了。

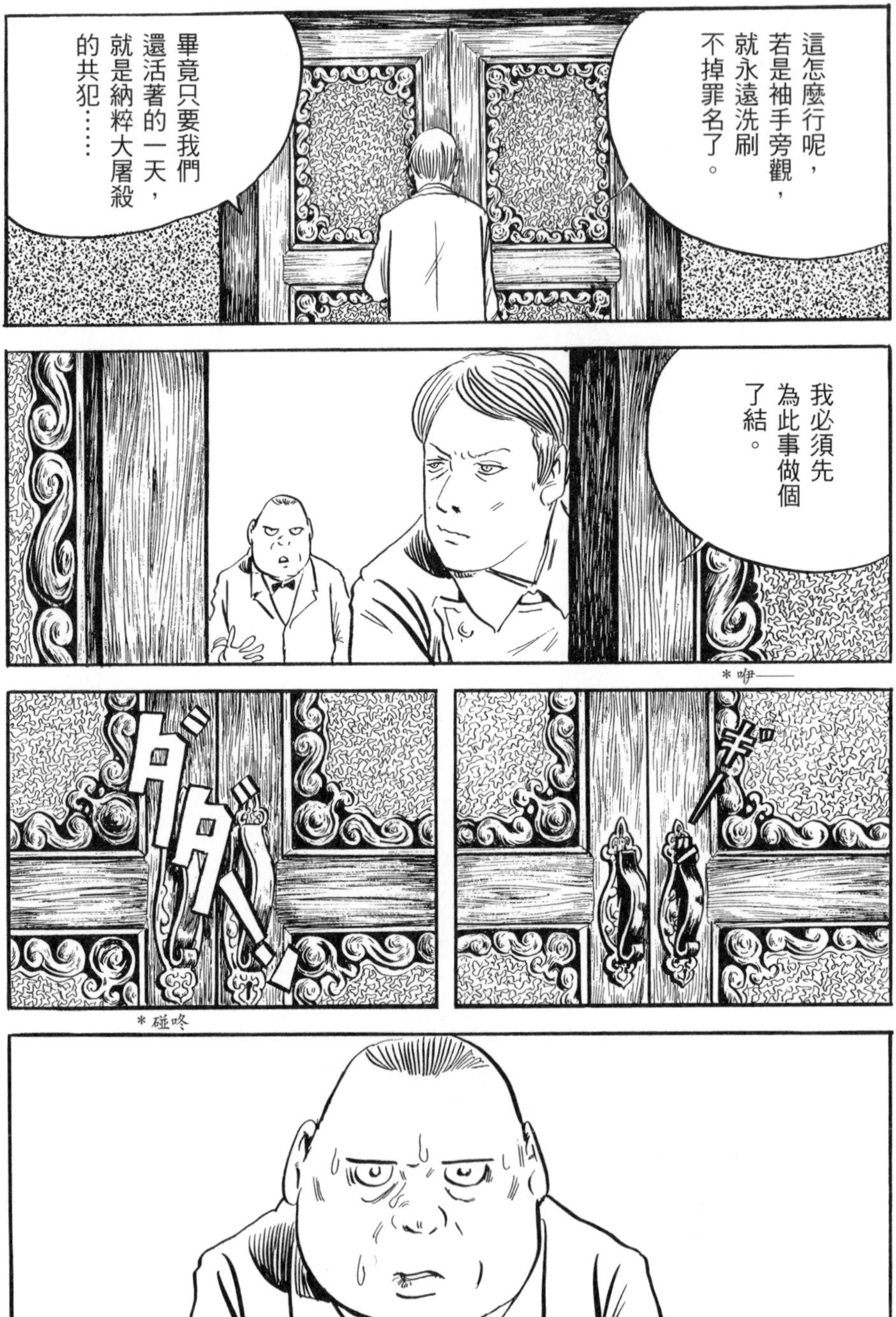
這怎麼行呢，若是袖手旁觀，就永遠洗刷不掉罪名了。
畢竟只要我們還活著的一天，就是納粹大屠殺的共犯……
我必須先為此事做個了結。
＊咿——
＊碰咚

*噠噠噠噠

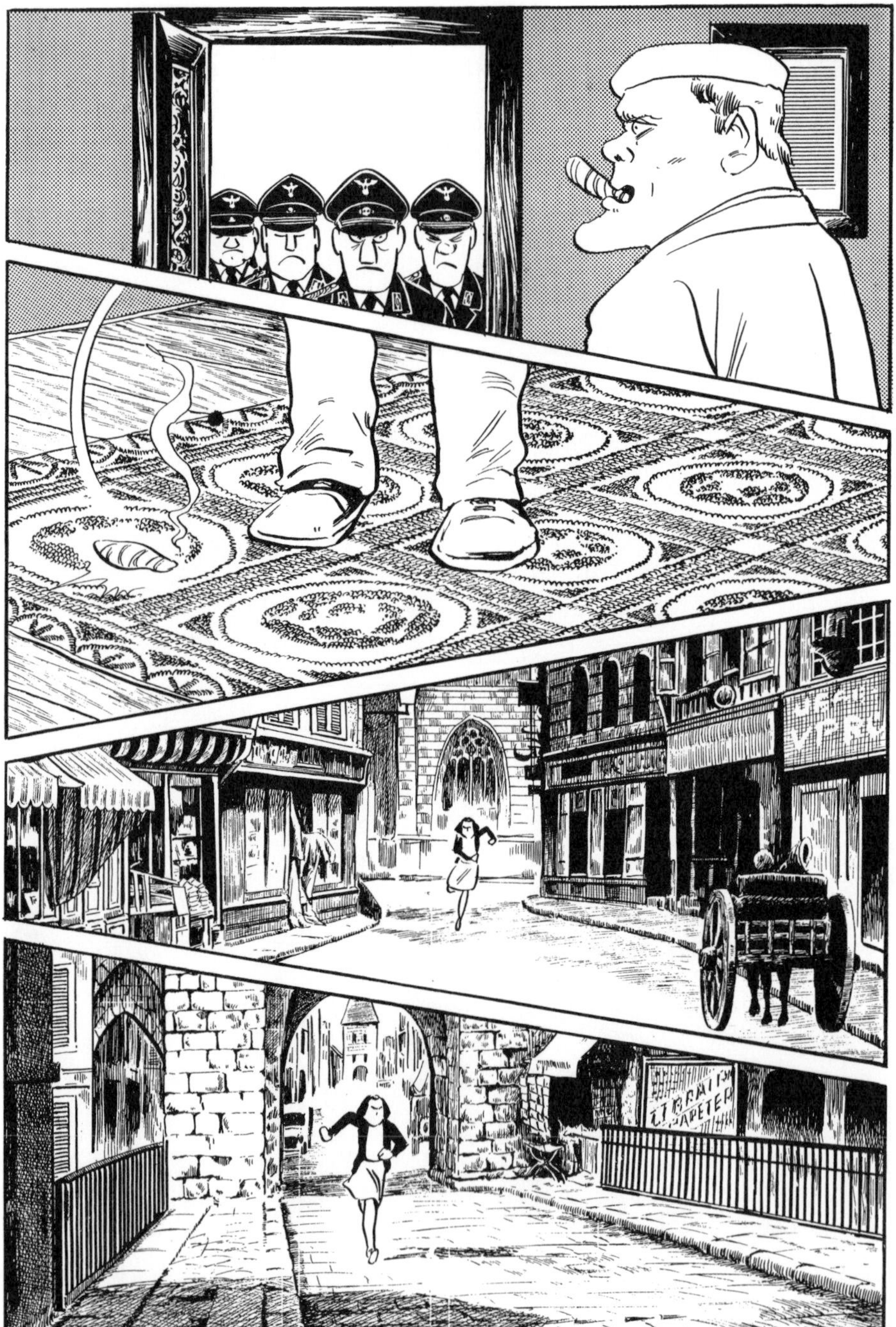

喬治遭到逮捕了。
那傢伙…
哇——
不過是幫我們保管傳單而已。
那傢伙不應該遭到逮捕的…

但他還是被抓了。
接下來就輪到我們了……
最好還是先撤離這個地方吧。
但這麼多火藥又要搬去哪呢？
等後天完成任務之後，就離開這裡吧。
後天？

就是我們要炸毀納粹據點的日子。
不過，
每當我們殺了一名納粹，他們就會殺掉一百名落網的夥伴。
我們遲早難逃一死。
這全都是為了法國，嗚嗚。
別說這麼不吉利的話！

但他應該不可能遭到逮捕才對啊……
他們怎麼會知道傳單在他手上？
你到底想說什麼？
一定有內奸跑去告密。
別說這種話。
昨天、前天也都分別有夥伴被抓。
明天又會再有數百名法國人喪命呢。
肯定有人告了密。
這就是他們的用意，好讓死亡的恐懼宛如硫酸一般逐漸侵蝕我們！

*噠噠噠噠

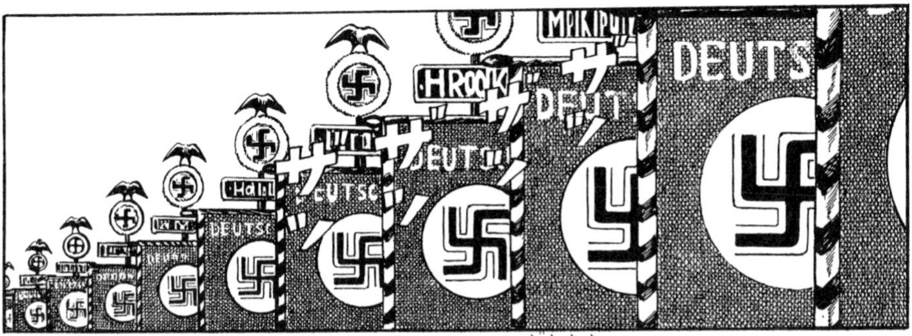

*噠噠噠噠

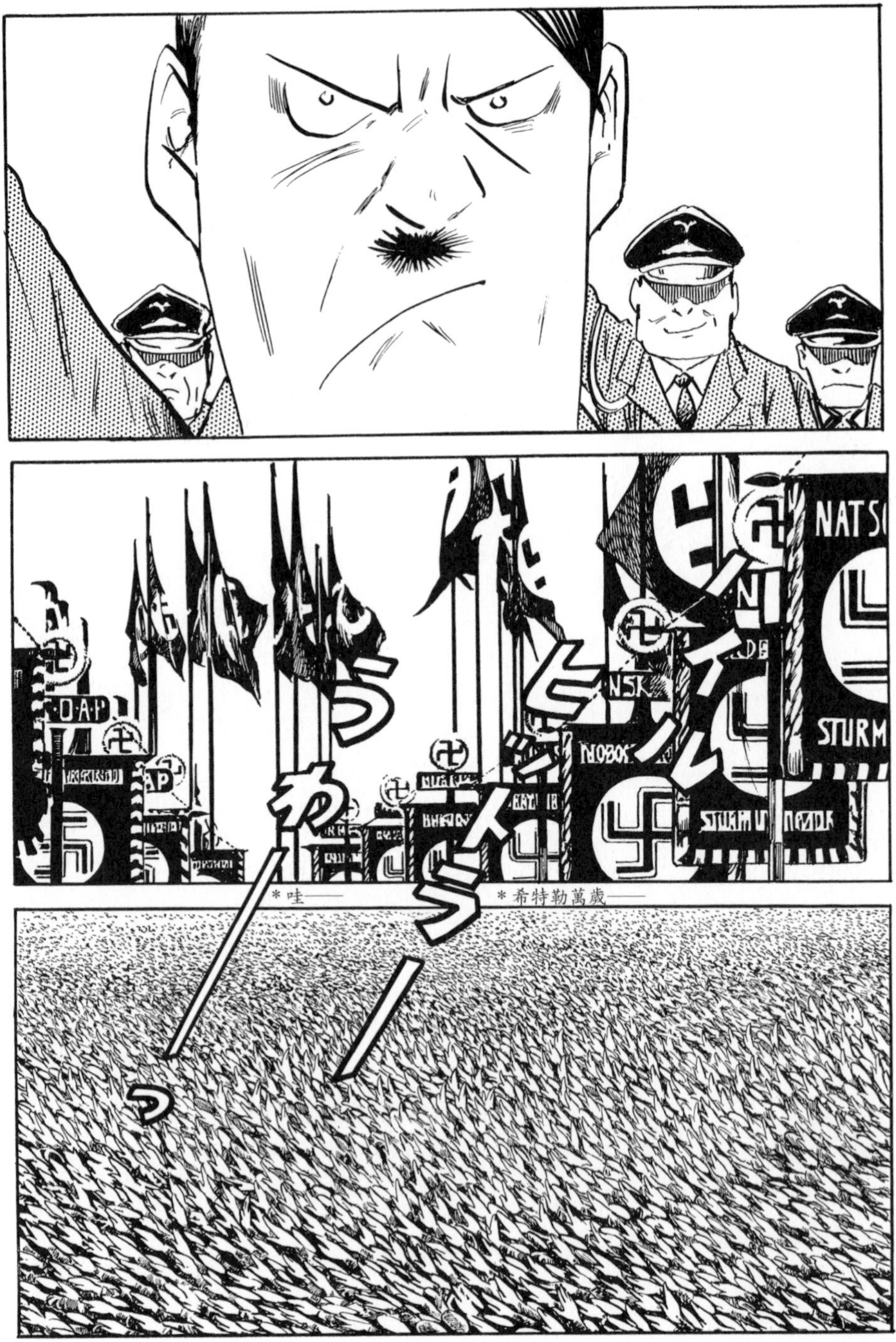
＊哇——
＊希特勒萬歲——

第2章

＊哇——哇——

ウウウ
ウウウ
うわー
うわー
能讓德國人如此為之狂熱，並搖身一變成為史上僅見的獨裁者，這位阿道夫·希特勒究竟又是何許人也……

＊希特勒萬歲——

＊哇——哇——

一九〇八年
林茲
庫比茲克，你找到住的地方了嗎？
爸，我朋友阿道夫在維也納就讀美術學校。
他說我可以搬去跟他一起住，沒問題的。
我暫時會先在他的宿舍打擾一陣子。
是嗎。
傢俱工匠之子庫比茲克因為即將進入音樂學校就讀，於是找上了住在維也納的希特勒。

嗨，阿道夫，近來可好？
喔喔，庫比茲克。
怎麼樣，肚子餓了嗎？
我這裡不但有長麵包，還有廉價乳酪。
維也納可是成為藝術家的必經之路。哈哈哈。
這是我從林茲帶來的土產。
啊，故鄉的蘋果乾，真令人懷念呀。
パクパク
對了，你什麼時候要去上學呀？

＊大口吃下

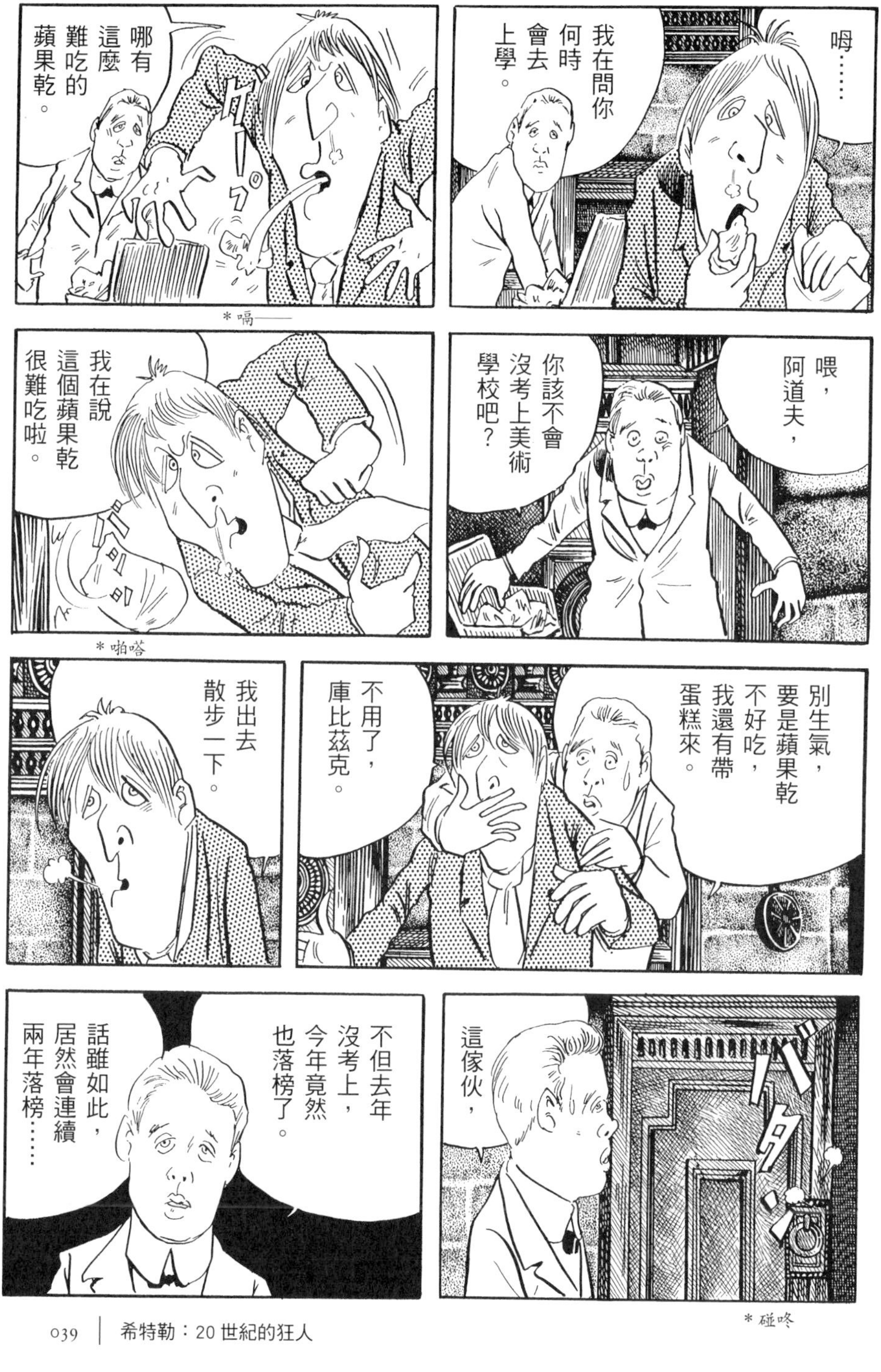
唔……
我在問你何時會去上學。
哪有這麼難吃的蘋果乾。
* 嗝——
喂，阿道夫，
你該不會沒考上美術學校吧？
我在說這個蘋果乾很難吃啦。
* 啪嗒
別生氣，要是蘋果乾不好吃，我還有帶蛋糕來。
不用了，庫比茲克。
我出去散步一下。
這傢伙，
* 砰咚
不但去年沒考上，今年竟然也落榜了。
話雖如此，居然會連續兩年落榜……

可惡，庫比茲克竟然瞧不起我！
我明明這麼才華洋溢，
居然會考不上，
一定是老師有問題。
那群混帳老師……
都怪第一中學（實科學校）的老師在成績單上打了低分，
事情才會變成這樣。
害得我這位藝術大天才就這樣埋沒在維也納。
他就連考中學都曾落榜，自尊心卻比他人強上一倍。
希特勒終其一生都對當年打低分的老師懷恨在心。
喂，我請你去看歌劇吧。
別逞強了，我還沒淪落到要被你請客的地步呢。
讓我請你吧，跟我來。

啊，原來還可以打折呀？
只有軍官才享有折扣。
哼，區區軍人怎麼看得懂藝術。
那些人是為了把妹才跑來劇院的。
目的只是追女人而已……
喂。
別這麼激動，華格納就要開演了。
只要一遇上看不順眼的事情，希特勒就會大發雷霆。而他之所以始終與女性無緣，則是因為他生性害羞之故。

該睡了吧？
嗯。
你這是？
我曾經和你一起去買過彩券，對吧？
我在想如果中獎的話，就租下那棟房子的三樓，把內部改裝成這樣。
這大房間歸我，小房間歸你。
那這個像沙龍一樣的隔間呢？
這個嘛…
うししし
這是讓全維也納藝術家都能齊聚一堂的沙龍。
可是我們不會中獎吧。
笨蛋，穩中的。
不中的話，我買來幹麼？
天底下哪有這種道理…
而且房間裡的傢俱全都要特別訂製。
由維也納的一流傢俱工匠親手打造，很厲害吧？哈哈哈…
我還設計出了要蓋在林茲的世界美術館。
＊嘻嘻嘻

瞧吧，照這樣子去打造。
可是…
＊叩叩
難道你不贊成？
沒有，
我是沒有不贊成啦。
那就好。不過…
不過，我仍然對傢俱的擺放方式不太滿意。
阿道夫，我想你該去睡覺了。
沒多久，庫比茲克在音樂界中嶄露頭角。希特勒再也忍耐不住，於是搬離了宿舍。
他換過一間又一間住處，甚至花光了母親留下的遺產，終於淪落到最廉價的宿舍。即便如此，他仍然因荷包見底而沒辦法住下去，最後只好睡在公園長椅上。
＊搔撓搔撓、抓扒抓扒

他非但不打算就職，就算去工作也待不久。
維也納的冬天十分寒冷……
自稱大藝術家的他這回實在撐不下去了。
走投無路的他來到國立遊民收容所。
＊叩叩叩
＊咔滋咔滋
＊呼——
他靠著領來的孤兒津貼，每天還能勉強吃上三頓麵包。

希特勒，你畫得還不錯嘛。
在那裡結識名為漢尼許的男人。
你的確擁有繪畫的才能，簡直是天才。
我也是這麼想的。
如何？要不要拿去賣錢……
我幫你找買家吧。
但相對的，我們要五五分帳。
就這麼辦吧。
我可是**藝術畫家**，要畫多少張都沒問題。
畢竟我偶爾也會想吃吃火腿蛋嘛。
漢尼許喬裝成染病的畫家，在便宜酒館或餐廳四處兜售畫作。

希特勒畫起建築來雖然得心應手，卻不擅長人物畫。
他以風景明信片為範本，拼命畫著維也納的景色。
*嘻嘻嘻
阿道夫，我們要發財了。畫越多越好。
這是你的那一份。
チャリン
*噹啷
拜漢尼許之賜，我終於喝得起紅茶了。
他在茶館裡隨意翻閱著各種報紙書籍……

喂，藝術畫家，我不久之後就要離開這裡了。
帽子和外套就送給你吧。
穿起來倒挺人模人樣的。
看起來很有藝術畫家的派頭吧。
這才是我一直嚮往的造型呢，嘻嘻嘻嘻，給我等著瞧吧。
這就是希特勒當時的打扮，而且他打算到死為止都以藝術畫家自居……
漢尼許。
我幫你畫了十幅畫，你卻只給了五幅的錢。
是這樣嗎？
少裝傻了，乖乖把我的那份交出來吧。
阿道夫，你這樣未免太口說無憑了吧。
你說什麼？
如果你打算裝傻到底的話，那就算了。

你就等著看反抗
我會有什麼下場
吧！
＊哼哼哼
プンプン
プンプン
喂，阿道夫，
你要去哪？
漢尼許，
那傢伙肺病初癒，
還很虛弱。
不用
擔心，
他只是一時
氣上心頭。
是這樣
嗎。
不過希特勒卻因積欠
畫酬一事，將漢尼許
一狀告上了法院
（還留有法院紀錄）。
一九一三年，
當時他二十四歲。
無論本人是怎麼想的，
但在任何人眼中，
他都是人生的失敗者。
當時的希特勒極度
痛恨肉體勞動，
因此應該也
很討厭當兵這回事。
大概是為了逃避徵兵吧，
他竟突然跑去了慕尼黑。

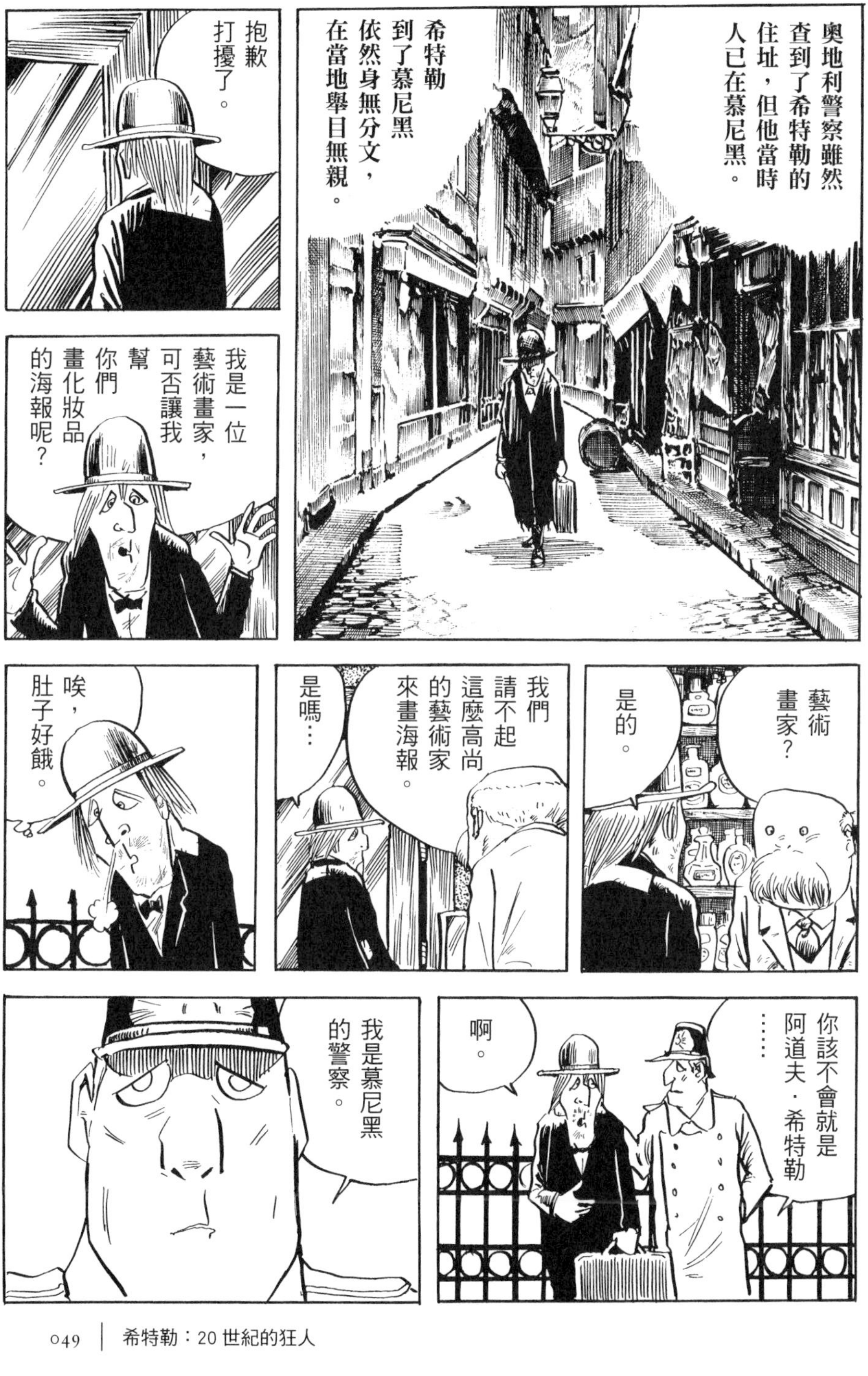

奧地利警察雖然查到了希特勒的住址，但他當時人已在慕尼黑。
希特勒到了慕尼黑依然身無分文，在當地舉目無親。
抱歉打擾了。
我是一位藝術畫家，可否讓我幫你們畫化妝品的海報呢？
藝術畫家？
是的。
我們請不起這麼高尚的藝術家來畫海報。
是嗎……
唉，肚子好餓。
你該不會就是阿道夫・希特勒……
啊。
我是慕尼黑的警察。

*呼——
麻煩隨我去趟奧地利總領事館。
希特勒先生，你應該很清楚，如果因逃兵罪而被捕的話，將被判處一年以下的徒刑，為什麼還要逃到慕尼黑來呢？
你明明應該在一九一〇年春天接受徵兵體檢，最後卻翹掉了。
……
你也可以在隔年一九一一年春天補做體檢，卻還是放了鴿子。
……
甚至無視一九一二年春天的最後體檢機會，亡命海外！
……

第 3 章

奧地利要你出面自首，去林茲市接受特別徵兵體檢。
恕難從命。我是一位如假包換的藝術畫家，
得把時間花在賺取三餐溫飽之上才行。
你這話是什麼意思？
換言之，我湊不出前往林茲的旅費。
湊不出旅費？
換作去奧地利和德國交界的薩爾斯堡，你應該就湊得出錢了吧。
薩爾斯堡…
我試試看。
那你就在二月三日到薩爾斯堡進行體檢。
是。
徵兵體檢後，他留下身高一七五公分，因營養失調而不合格的紀錄。

他在波普西服店內的「紳士專用、附帶傢俱的出租套房」落腳。
但因為房租的關係，他不得不暫時和名為格雷納的男人一起同住。
希特勒小弟。
你究竟是幹哪一行的？
我是藝術畫家，但最近呢……
我正在考慮要改行當藝術建築師……
藝術建築師？
如此一來，不就是一般的建築師嗎？
反正戰爭就快開打了，
一旦開戰，無論幹哪一行都沒什麼差別了吧。

這樣的話，你就成了藝術士兵是吧。
可以這麼說。
那我出門上班去了…
請便。
希特勒先生實在很愛讀書呢。
謝謝妳的讚美。
你也差不多該娶媳婦了吧…
怒氣沖沖
請喝茶……
阿姨，
我之所以一貧如洗、又不受女性歡迎，全都是猶太人害的。
只要一想到每天都有數十萬名德國處女受到走路外八的猶太人誘惑，我就忍不住要發狂。
請你別這麼激動。
我是在為全德國的處女而激動。

希特勒先生，現在有更要緊的事。
德國終於宣戰了。
什麼，宣戰？
世界大戰終於爆發了。
波普大叔，我決定志願從軍。
你不是很討厭軍隊嗎？
沒這回事。
我是厭惡為哈布斯堡王朝（奧地利、匈牙利）而戰。
德意志人就該為祖國德意志獻上生命。
我大德意志帝國萬歲！
八月三日，希特勒志願加入德軍，受訓三個月被派往前線。
う
わ

＊捶

＊哇——哇——

他激昂地記錄了
自己的第一場戰鬥……
「我們默默地
徹夜行進，
步槍
子彈
忽地
呼嘯
而來，
在蕪菁田和
樹籬之處，
戰鬥爆發了，
展開一場白刃
戰。
うわ
ぎゃ

＊磅

＊呀——　＊哇——

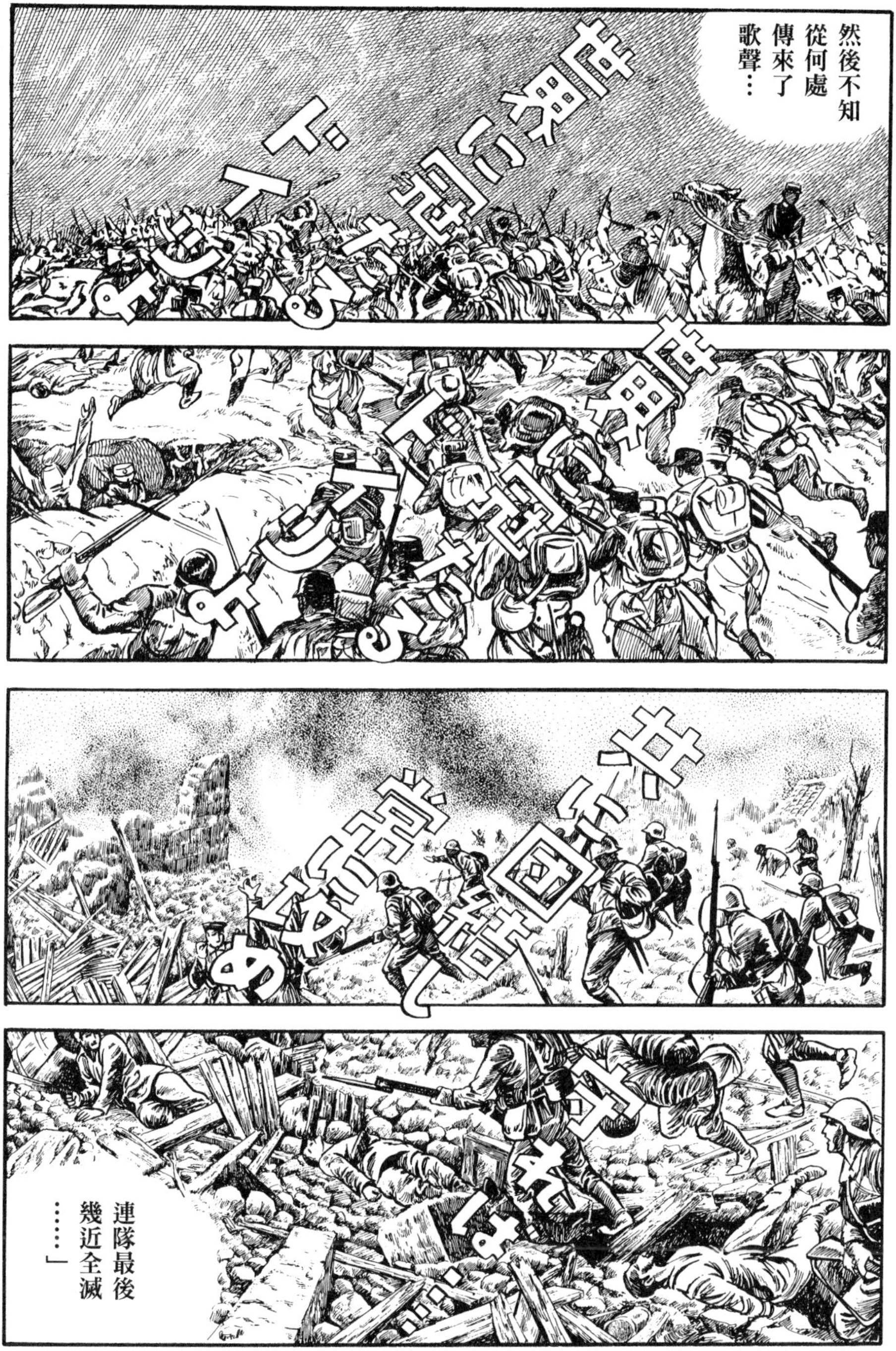

♫德意志高於一切

♫德意志勝過世間萬物

♫兄弟團結一致

♫為保護捍衛…

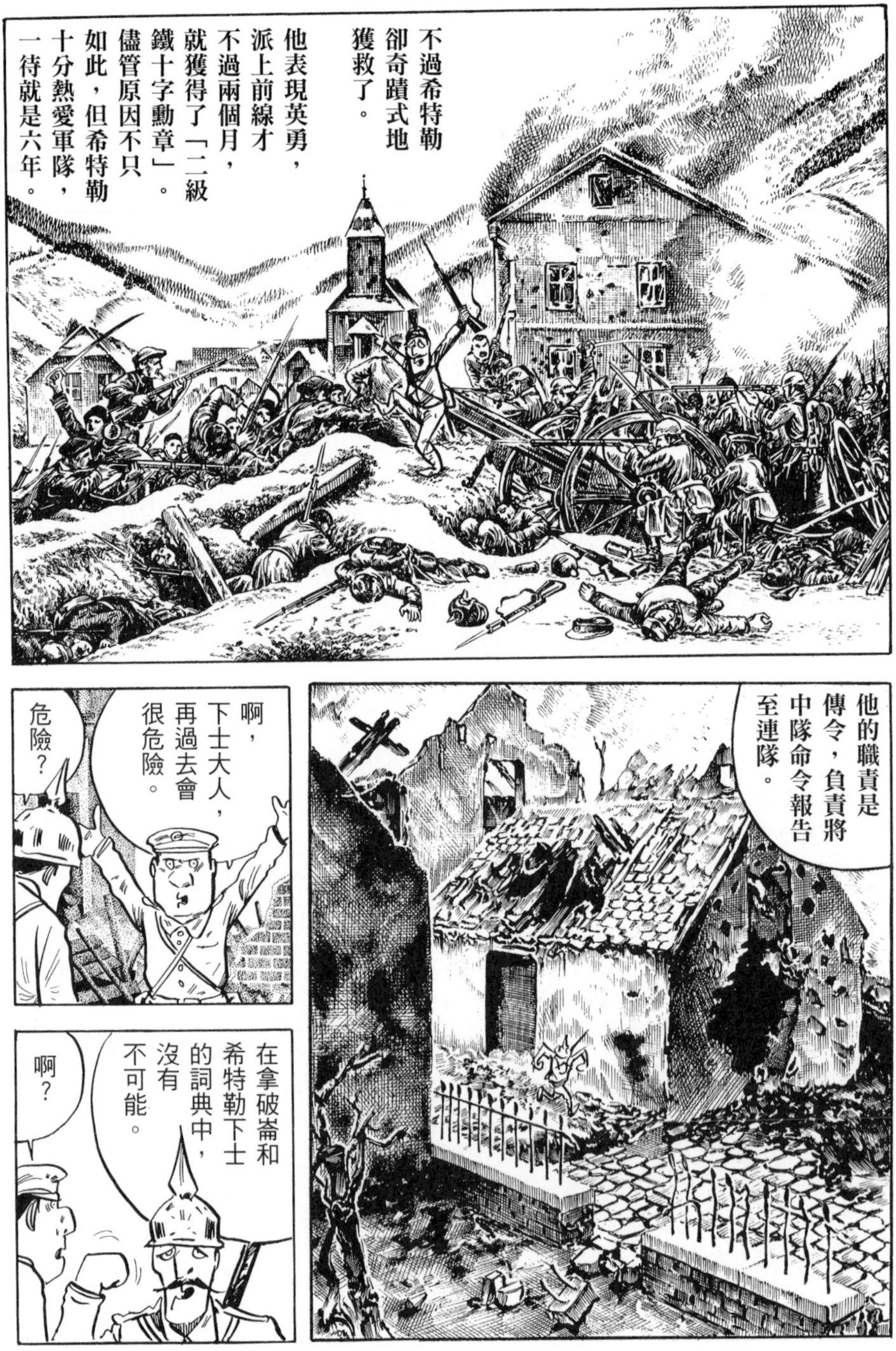
不過希特勒卻奇蹟式地獲救了。
他表現英勇，派上前線才不過兩個月，就獲得了「二級鐵十字勳章」。儘管原因不只如此，但希特勒十分熱愛軍隊，一待就是六年。
他的職責是傳令，負責將中隊命令報告至連隊。
啊，下士大人，再過去會很危險。
危險？
在拿破崙和希特勒下士的詞典中，沒有不可能。
啊？

啊什麼啊，我問你這邊是什麼狀況？
在那棟房子裡，
藏了一群法國士兵。
啊，那棟嗎？
我進去把法國士兵全都揪出來，你就在那邊假裝報數。
裡頭有二、三十人呢。
我叫你做，你就乖乖照做。
可是……
若害怕敵軍，又要怎麼傳令呢？
遵命。
喂，法國佬。

*報數，一、二、三

啊，是德國兵。
德軍的人妖二等兵呀。
番号
イチ
ニイ
サン
給我聽好了，這棟房子已經被包圍了，你們聽得到德軍在外頭報數吧？
卡登，一切都玩完了。
如果淪為俘虜的話，至少可以保住一命。
沒錯，留得青山在，不怕沒柴燒。
這裡有條繩索。
你們先互綁，再一個個走出來。
要是沒綁好，我就殺了你們。
懂了嗎？
是。

*咯噔、咯噔

報數，八、九、十。
你要數到什麼時候？
隨我回連隊本部吧。
ゾロゾロ
*咯噔、咯噔
這群法國士兵是怎麼回事？
他們都是俘虜。
我只不過是稍微嚇了嚇這群娘炮的法國士兵罷了。
一個人就抓到十五名俘虜，這是德軍成立以來的創舉。
肯定會獲頒鐵十字勳章。
因為他獨自逮到了十五名俘虜，因此贏得了與士兵幾乎無緣的一級鐵十字勳章。相當於日本的功一級金鵄勳章。希特勒十分鍾意這枚勳章，即使日後當上元首，仍然高掛在胸前……

每天只吃一個黑麵包，要人怎麼打仗？
就是說呀。
我還是能奮勇殺敵。
畢竟我是為了祖國德意志而戰…
那個怪人是怎麼回事？
怪胎。
但以現在國內的情勢來說，
無論前線再怎麼拼命作戰，
猶太人都在後方吸乾了所有利益，用八字腳侵犯處女，一再干涉政治。
知道了，下士。麻煩你安靜一點好嗎？
明明沒人拜託他，卻說得好像德國要靠他來支撐一樣。
該睡了吧？
只要一想到祖國德意志，我就沒辦法睡得像頭豬。
他說我們是豬呢，嘍～
一旦混進了個怪人，大家就聊不起來了呢。

希特勒在伊普爾戰役中，遭英軍的毒氣彈攻擊，

暫時陷入失明而被送進醫院。

一九一八年十一月十日傍晚，牧師終於造訪醫院……

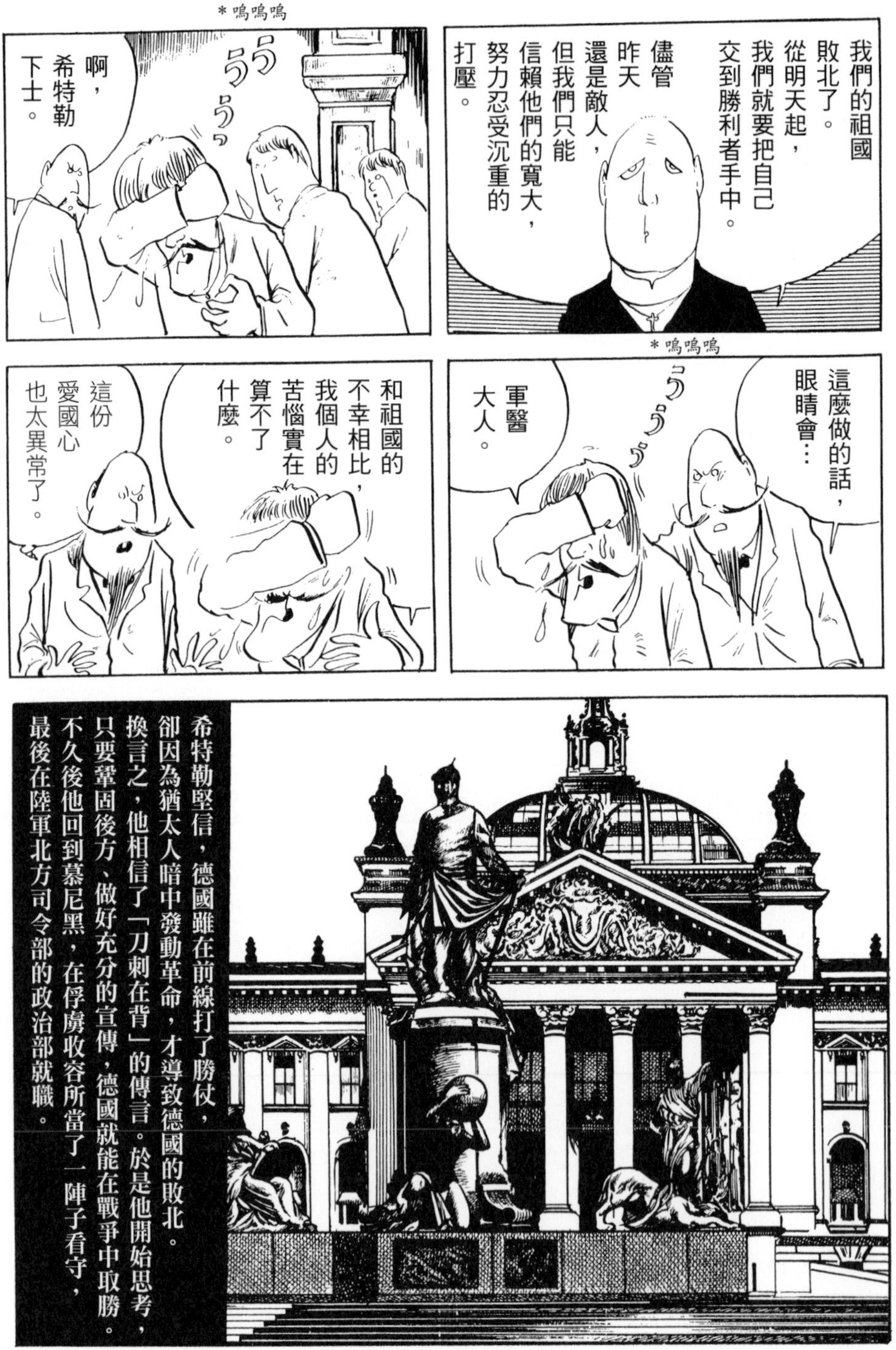
我們的祖國敗北了。從明天起，我們就要把自己交到勝利者手中。
儘管昨天還是敵人，但我們只能信賴他們的寬大，努力忍受沉重的打壓。
*嗚嗚嗚
啊，希特勒下士。
*嗚嗚嗚
這麼做的話，眼睛會…
軍醫大人。
和祖國的不幸相比，我個人的苦惱實在算不了什麼。
這份愛國心也太異常了。
希特勒堅信，德國雖在前線打了勝仗，卻因為猶太人暗中發動革命，才導致德國的敗北。換言之，他相信了「刀刺在背」的傳言。於是他開始思考，只要鞏固後方、做好充分的宣傳，德國就能在戰爭中取勝。不久後他回到慕尼黑，在俘虜收容所當了一陣子看守，最後在陸軍北方司令部的政治部就職。

當時的德國，正處於新興政黨如雨後春筍般冒出、又如泡沫般消逝的時代……在慕尼黑的廉價酒館裡，怪人們今天也高談闊論著……
擔任我們領袖者，必須是即便聽到機關槍聲也能面不改色之人。
曾因嗎啡中毒而被送進精神病院的詩人兼新聞記者埃卡特如此說道。
在一旁聽著的是鎖匠德萊克斯勒和怪胎經濟學者費德。
軍官已經派不上用場了。
因為民眾已經不再尊敬軍官了。
最好是能說善道的勞工。
腦力也不怎麼重要。
必須是單身者才行。
如此一來才能網羅女性的選票。
他說起這番話來，彷彿預言救世主降臨的約翰。

＊咕嘟咕嘟

只要能網羅這種人材，我們「德國工人黨」說不定也能躍升為一大政黨。
就是說呀。
但我們的黨員就區區六人。
就在隔天…
希特勒先生，
麻煩調查「德國工人黨」這個小小的政治團體。
「德國工人黨」，這個名字倒是很氣派。
今天好像要在廉價酒館召開大會。
希特勒造訪了該廉價酒館，
而奇妙的命運正在那裡等著他……

第 4 章

一九一九年九月，希特勒前去調查慕尼黑的「德國工人黨」。
骯髒的房間裡，塞滿了二十多名窮人。
怪胎經濟學者費德正在講台上發表演說。
當希特勒看到費德臉上動個不停的小鬍子時……
真帥氣……
我也把鬍子修短成這樣吧。
……多數歷史學家認為，他是在此刻立下決心的。

演講結束後，正當他準備打道回府時，大學教授突然開口發言。
我對費德的見解抱有疑問。
我們巴伐利亞應該跟普魯士切斷關係，改和奧地利一起建立南德國家才對。
希特勒對此則不怎麼欣賞……
噫
我實在無法贊成這個意見。
你說只要建立南德國家，
和平就會從此造訪，這根本是無稽之談。必須建立更強大的德意志民族國家，並以武力壓倒鄰近諸國，
和平才會真正來到。
パチパチ
*啪啪啪
沒錯，沒錯。
德國萬歲！
請參考一下這份傳單。
……
……

兩、三天後，寄來一封信。
你已成為德國工人黨的黨員，請出席下一次委員會。
*剃鬍
搞什麼嘛，我還沒說要加入呢。
等到下次委員會那天再回覆吧。
這裡是不是有一間叫亞提斯·洛贊巴特的酒館？
就在對面的地下室。
是這裡吧。

請問德國工人黨委員會在哪？
啊，要找他們的話，就在後面的地下室倉庫。
＊咿——
啊，希特勒來了。
來到這種宛如納骨堂的地方，他原本的活力也消失無蹤了……
全國黨代表就要到了。
喝點水吧。
好。
隨後……
我是全國黨代表哈勒。
請你立刻加入全國委員會吧。
這個嘛……
本黨的總資產共有七馬克半和三封信。

這些信來自柏林、基爾和杜塞道夫……
會收到這三封書信，代表我們德國工人黨已經推廣至全德國……
只有這麼一點呀……
連黨綱和黨章都沒有，有的只是一張張奇妙的臉孔。
這個政黨實在太莫名其妙了，甚至讓他提不起勁來拒絕。這或許就是命運吧……
考慮了兩、三天之後，他決定入黨。
就請你以第七號黨員的身分入黨。
希特勒，招待不周請不要見怪，大家一起乾杯吧。

鎖匠
德萊克斯勒
怪胎經濟學者
兼土木技師
費德
酒鬼詩人
埃卡特
鼻子遭敵軍子彈削掉的羅姆上尉（當時還是現役陸軍軍人）
新聞記者
哈勒
前遊民
阿道夫・希特勒
全員終於到齊了。誰也沒料到，這群人居然能夠征服全歐洲。隔天起，希特勒便開始埋首苦幹，親自打字之後，再四處發演講會的傳單。
隔日下午五點
請在下午五點親臨會場。

希特勒先生，狀況如何？
不行，一個人都沒來。
Konditorei
來了多少人？
果然如此呀。
畢竟我們既缺乏資金，又不具備名氣或學歷⋯⋯
要前科的話倒是⋯
我們有的是熱情。
希特勒不會因為這點小事輕言放棄。他用油印機印刷邀請函並四處發送，不僅花費數馬克，甚至買了報紙廣告。此舉意外大獲成功，召集到了一百一十一人。希特勒演說得十分賣力，而大為感動的觀眾也捐贈了三百馬克，讓黨內財政暫時紓困。

希特勒開口表示，接下來想在容納近二千座位的巨大會場上召開集會。
他為免太瘋狂了，老是做一些好大喜功的事。
就是說呀，根本嚇死人了。
身為慕尼黑分部代表，我也不禁膽戰心驚。
不過就是招到了一百人，接下來未必能招到二千人啊。
首先，光是資金就不得了了。
他該不會是誇大妄想狂吧？
啊，希特勒來了。
各位，會場已經敲定了。

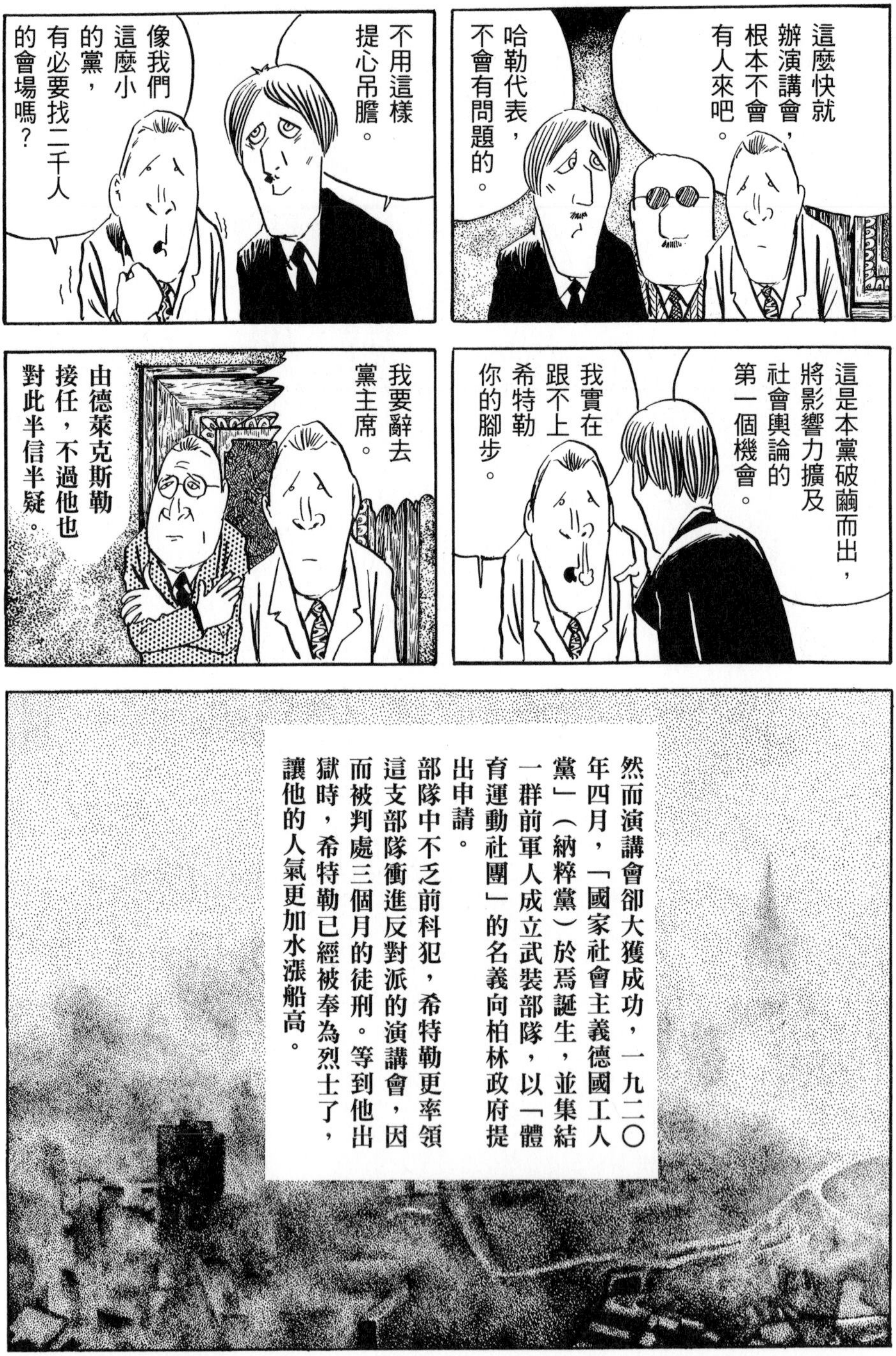
這麼快就辦演講會，根本不會有人來吧。
哈勒代表，不會有問題的。
不用這樣提心吊膽。
像我們這麼小的黨，有必要找二千人的會場嗎？
這是本黨破繭而出，將影響力擴及社會輿論的第一個機會。
我實在跟不上希特勒你的腳步。
我要辭去黨主席。
由德萊克斯勒接任，不過他也對此半信半疑。
然而演講會卻大獲成功，一九二〇年四月，「國家社會主義德國工人黨」（納粹黨）於焉誕生，並集結一群前軍人成立武裝部隊，以「體育運動社團」的名義向柏林政府提出申請。
部隊中不乏前科犯，希特勒更率領這支部隊衝進反對派的演講會，因而被判處三個月的徒刑。等到他出獄時，希特勒已經被奉為烈士了，讓他的人氣更加水漲船高。

就在此時，一位訪客找上門。
希特勒老師，在下名為※魯道夫·赫斯。
我就讀於慕尼黑大學，卻在對抗「共產黨」時傷到腳休學中聽到了您的演講。
大為感動之下，我便為此寫出了一篇論文。
啊，那篇呀。
就是〈我們亟需能夠帶領德國重返往日榮光的領袖〉這篇論文嘛。
老實說，這篇論文也讓我十分感動。
如你所言，唯有平民出身的獨裁者，才能真正拯救德國。
老師，請讓我以一介士兵的身分入黨。
赫斯，你也一起來為德國奮戰吧。

※魯道夫·赫斯（一八九四～一九八七）……為希特勒的得力助手，協助希特勒記錄由其口述的《我的奮鬥》。日後成為納粹黨副元首。戰後遭判處無期徒刑，一九八七年於獄中自殺身亡。

希特勒從以前就覺得納粹黨需要一個能夠激勵社會大眾的標誌，而施坦貝爾格的一位牙醫將鉤十字符號送到了他的面前。
這個符號如何？
跟我的構想十分接近！
簡直沒有比這更好的標誌了！
一九二一年夏天
HorstWessel
DEUTSCHLAND
NSDAP
DEUTSCHLAND
希特勒不斷製造一些怪玩意兒，這樣沒問題嗎？
說實話，我也很憂心。
與我們所想的國家社會主義也差太遠了。
而且他還視黨主席為無物，簡直是獨裁者。
如果跟他的死對頭施萊謝爾聯手，應該就能削弱他的勢力了吧。

這是個好點子。
他人目前在柏林，正好不在。
事不宜遲，立刻搶印傳單，發給黨員吧。
希特勒發現自己的地位不保，便從柏林趕了回來，
STERNECKERBR
並立刻召開委員會。
我打算脫黨。
希特勒突然的震撼發言，令眾人嚇了一大跳。
這可不行，本黨大部分的資金都是希特勒張羅的。少了他的話，黨就要破產了。

請你千萬別退黨。
這樣的話，就請接受我的要求。
擁立我作為唯一領袖，並且委員會必須總辭。
讓我擔任黨魁，由德萊克斯勒擔任名譽主席。
SAROTTI
SAROTTI
我已經盡力了，雖然金額不多，但口袋裡實在⋯
不，老是麻煩戈林你捐款，真是過意不去。
戈林大人當時正和有錢的寡婦交往，手頭相當富裕。埃卡特和羅姆用國防軍的機密費買下了一間破舊報社，收為納粹黨的黨報。一九二一年四月，協約國上門索討一千三百億馬克的賠款，實在高到難以支付，令德國上下為之譁然。希特勒在各地召開集會，黨員也源源不絕地增加。
一九二一年十一月四日
主席，大事不妙了。
republ

我收到消息，有大批來自共產黨工廠的勞工闖進了我們的演講會鬧事。
秩序維護隊（武裝警備）有多少人？
一共四十六人。
叫他們全體集合。
今天應該是各位首次遇上成敗在此一舉的重大事件：除非是丟掉小命被抬出去，否則各位萬萬不可離開會場。
我也打算留在這裡。我深信，你們絕對不會有任何人棄我於不顧。
只要敵方膽敢稍加輕舉妄動，就立刻展開突擊。
*萬歲、萬歲、萬歲
ハイル
ハイル
ハイル
ハイル

於是希特勒便開始在會場演講。
「選擇未來，否則凋零」！
先擔心你自己的肚子吧。
我們要把你揍到再也無法說話。
*碰咚、碰咚
上吧！
一聲號令下，雙方便開始大打出手。
*砰、砰、砰
於是赫斯等人便展開了一場流血抗爭。
會場入口突如其來地朝演講台開了兩槍，一場槍戰於焉爆發。
*咻——咻——咻——
ピュー
ピュー
ピュー
在這場槍林彈雨中，希特勒始終矗立在演講台上，注視著部下們的活躍。
ピュー
*咻——

第5章

*咻、咻、磅——
*碰咚、碰咚、噗咻
會場終於回復了平靜。
希特勒繼續接著演說。
本黨的黨綱是①基於民族自決的原則下，聯合所有德意志民族。
②要求德意志民族與他國人民享有平等權利，並廢除《凡爾賽條約》以及（有違於奧地利人民意願而）禁止德國和奧地利合併的《聖日耳曼條約》；③在國際間驅逐猶太人；④取締不勞而獲的收入；⑤將托拉斯收歸國有；⑥擴張社會福利制度；⑦建立國民軍。為了貫徹以上所有主張，我們將要求德國建立強大的中央集權政府。
我們的運動，是訴求打造出全新國民的全新運動！
うわー
うわー
贊成之聲不絕於耳。從此時起，秩序維護隊便改名為※衝鋒隊（ＳＡ）。
*哇——哇——

※衝鋒隊（Sturmabteilung，簡稱ＳＡ）……隸屬納粹黨的武裝組織由恩斯特・羅姆率領，負責警備、維護秩序。成員身穿黃褐色軍裝，因此又稱褐衫隊。後因羅姆勢力過大，遭希特勒肅清。

柏林中央政府開始出面打壓這場納粹運動。通貨膨脹日益嚴重，讓國民陷入了極度的疲勞……
爸爸，我們明天還吃得到麵包嗎？
在如今的德國，連明天的麵包都不知要去哪張羅。
全怪現在的共和政府（中央政府）不好。
以前的德國不是這樣子的。
人們對政府的不信任正在逐漸高漲……

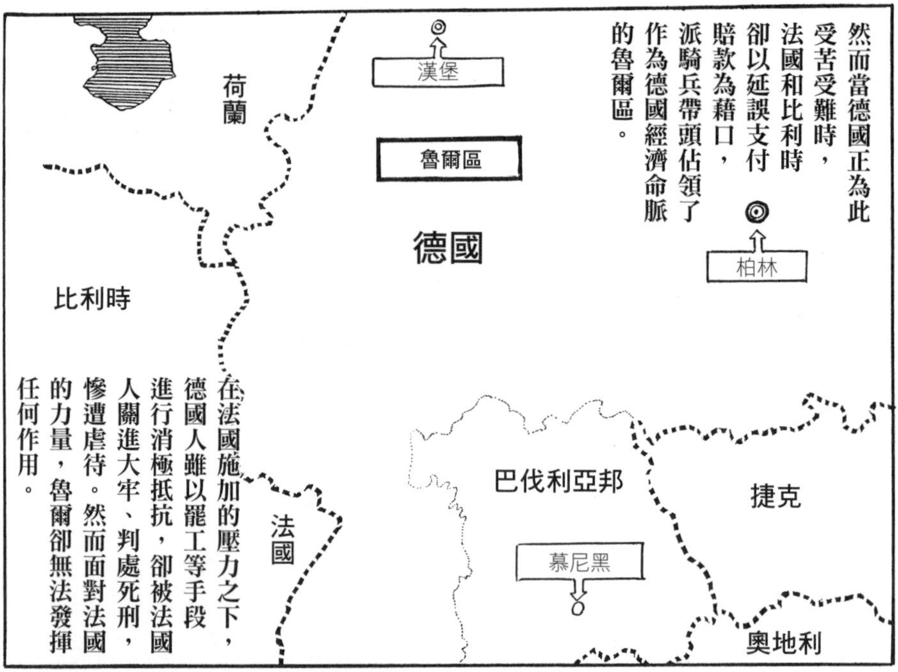
然而當德國正為此受苦受難時，法國和比利時卻以延誤支付賠款為藉口，派騎兵帶頭佔領了作為德國經濟命脈的魯爾區。
荷蘭
漢堡
魯爾區
柏林
德國
比利時
在法國施加的壓力之下，德國人雖以罷工等手段進行消極抵抗，卻被法國人關進大牢、判處死刑，慘遭虐待。然而面對法國的力量，魯爾卻無法發揮任何作用。
法國
巴伐利亞邦
捷克
慕尼黑
奧地利

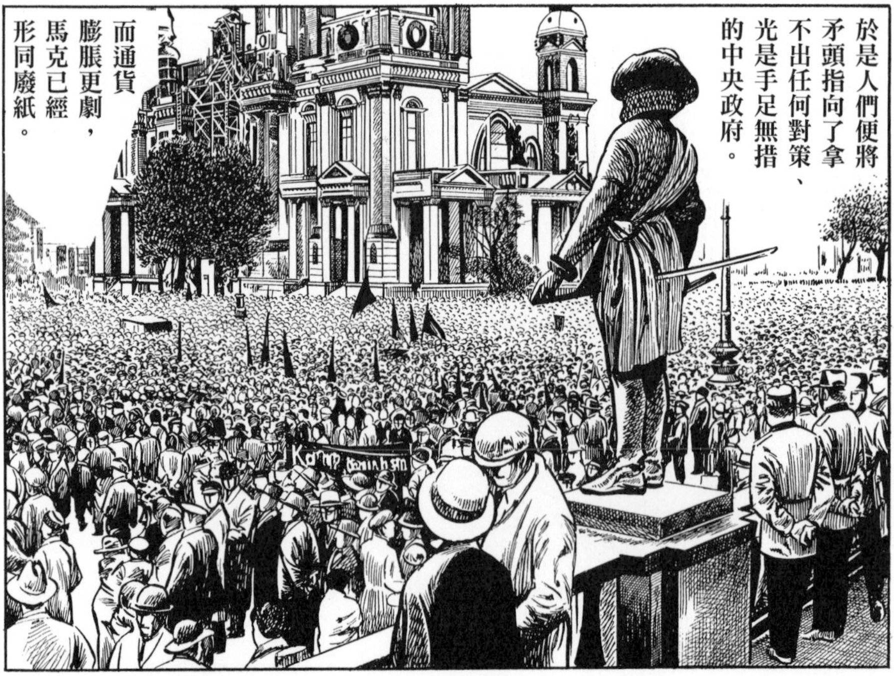
於是人們便將矛頭指向了拿不出任何對策、光是手足無措的中央政府。
而通貨膨脹更劇，馬克已經形同廢紙。

希特勒如此高聲疾呼……
NSDAP
DEUTSCHLAND
ERWACHE
政府仍然不停地印刷
與廢紙無異的鈔票。
為什麼！因為不這麼做的話，政府就要垮台了！再這樣下去，
我們只會落得越來越悲慘！
因為這個國家本身就是最大的詐騙集團！
因為這是小偷的國家！
各位！別再相信國家，相信我吧！
當我們發現再這樣下去，就算有幾十億都可能餓死時，
理所當然地會導出一個結論，對於少數服從多數、
以這種詐騙概念而建立的國家，
我們不能再繼續服從下去了！
我們要的是獨裁制！

德國總理施特雷澤曼表示：
再這樣下去的話，德國就會遭革命勢力所佔領了。

德國總統艾伯特遂做出以下決定。
我要將德國的行政權，交到國防部長奧圖格斯勒和陸軍司令馮塞克特

這兩人的手中。
Das Deutsche Volk einig in seinen Stammen und von dem Willen beseelt, sein Reich in Freiheit und Gerechtigkeit zu erneuen und zu festigen,
den zu dienen und den gesellschaftlichen Fortschritt zu fördern, hat sich diese Verfassung gegeben.

馮塞克特向巴伐利亞邦的三頭政治政府（親希特勒），以及希特勒旗下武裝團體提出警告，若妄想發動叛變，勢必會用武力來加以對抗。德國國防軍兵力共有十萬人，而納粹衝鋒隊只有三千人。

漢堡
荷蘭
德意志聯邦
柏林
波蘭
比利時
巴伐利亞邦
慕尼黑
捷克
法國
奧地利

然而巴伐利亞邦（以慕尼黑為首府）卻反對這種做法，自行宣告進入非常狀態。
總理
古斯塔夫・馮・卡爾
巴伐利亞陸軍司令
奧圖・馮・羅索
警察局長
漢斯・馮・澤賽爾
這三人手中握有獨裁權，帶頭力抗中央政府。
國防軍應該會在近期內攻擊慕尼黑。
這麼一來就沒救了。
只要中央政府一出手，這場運動就會遭到禁止，我們的下場就難說了。

唯有在柏林攻擊慕尼黑之前，
搶先一步進軍柏林，我們才有存活之路。
但如果不跟巴伐利亞陸軍和警察合作，就算進攻柏林也是白費工夫吧。
卡爾等人有什麼打算？
他們雖反對中央政府，卻也不打算演變成一場內亂的樣子。
而且我們也快管不動衝鋒隊了。
再不想想辦法的話，大概就會脫離我的掌控吧。
嗯……
只有一舉抓住巴伐利亞三巨頭，逼他們加入納粹黨、發動革命這條路可走了。
一旦敲定細節，我就會率領德意志文化戰鬥聯盟的衝鋒隊，一舉佔領軍司令部。
羅姆→
在此發動革命！立刻召集衝鋒隊。
那我就向魯登道夫將軍請求援兵。
NSDAP
DEUTSCHLAND

一九二三年十一月八日巴伐利亞首府慕尼黑的貝格勃勞凱勒啤酒館湧進大批顧客上門喝啤酒，將這裡擠得水洩不通。巴伐利亞政府閣員、軍官、右派的代表都在此地齊聚一堂。
此時，全副武裝的人馬正朝著該啤酒館前進……
當時巴伐利亞獨裁者之一的卡爾正站在啤酒館的演講台上，準備發表演說。
真要說的話，
我們為何非得和那群北德意志的笨蛋中央政府，
攜手合作不可呢？

答案無疑是否定的……絕不能這麼做。
閃開，閃開，閃開！
全副武裝的大批人馬突然衝進了會場。
國民革命開始了，這個會場已經被六百名全副武裝的隊員給團團包圍！

*轟隆——

*砰隆

*哇——呀——

任何人都不得擅自離開這個會場！
うわーきゃーー
不即刻安靜下來的話，那裡架好的
機關槍就會毫不留情地開火！
此刻！巴伐利亞和德國中央政府已遭到解散，
並成立了臨時政府，
而國防軍兵營和警察局也已遭到佔領！
軍人和警察…
全都在鉤十字的旗幟之下…
正在朝市中心展開攻擊！

希特勒此時三十四歲，他後半段所說的話全是信口開河，只是想唬唬他們。但眾人都困在啤酒館裡頭，對真相一無所知，而啤酒館政變就這麼開幕了。
群眾一片啞然，只能眼睜睜目睹事件的發生。
卡爾先生、羅索將軍、澤賽爾先生，請往這邊走。
這些新興勢力在搞什麼鬼！
快對這群無恥之徒開槍！
警官，你到底在發什麼呆！
各位完全無須擔心！
戈林
我們對在座各位都抱持著善意，
請安靜地喝啤酒吧。

若未經我的許可，試圖離開這裡，你們小命可不保了。
……
……
諸位如果不願就任我所安排的職位，
將會喪失生存的權利。
由卡爾擔任巴伐利亞攝政，羅索將軍擔任中央政府陸軍部長，
而澤賽爾則擔任德國警察署長，知道了嗎！
……
……
怎麼不回話？
這把槍裡頭呢…可是裝了四發子彈…
其中三發會用在三位捨棄我的時候，
最後一發則是留給我自己用。

希特勒小弟，是生是死對我來說一點都不重要。
但你這麼做也未免太亂來了。
沒錯，明明說好不會對警察發動政變，
你卻違背了這個承諾。
請你們原諒我，這都是為了祖國著想……
嘴巴上說著祖國、祖國……
……
……
住口！未經我的許可，不得私下交談！
將軍，如果這三位頑固的獨裁者不肯合作的話，這場革命是不會成功的。
……
……
……
希特勒雖然獨自一人說得天花亂墜，但事情卻遲遲不見進展。手中握有巴伐利亞大權的三名獨裁者，即便處於槍口之下，仍然不願跟希特勒攜手合作。此時，李希特帶著魯登道夫將軍（反對柏林中央政府的一戰英雄）登場。

各位，我們現在正面臨著重大的國家難題。
在魯登道夫的說情之下，三人似乎開始讓步了……
哈哈哈哈
希特勒忍不住發出一陣歡天喜地的笑聲。
他回到演講台上向觀眾打招呼，彷彿就像是勝利者在回顧往日榮光一樣……
我五年前眼睛受傷待在軍醫院時，曾對自己許下誓言。
在放逐中央政府的這群罪犯，
並在當今這座悲慘的德國廢墟之上，
重新建立起偉大的德意志前，絕不輕言休息或和平！

儘管希特勒情緒十分激動，此時卻傳來消息，衝鋒隊和正規軍正在工兵隊軍營爆發激烈衝突。希特勒便將啤酒館交給魯登道夫來處理，自己趕往衝突現場。而羅索則第一個開口說要離去。
將軍，身為軍隊司令官，我必須向軍隊發布命令，因此得先走一步。
嗯。
等一下，請在希特勒回來之後再作打算。
羅森堡
他一定會回來的。李希特，我不容許你質疑德國軍人的誠信。
老將軍此言一出，眾人便不敢再多言了。
等到希特勒滿心歡喜地回來一看，啤酒館裡已經找不著三巨頭的身影了。籠中的鳥兒都飛了⋯
這究竟是怎麼一回事？
他們一定會回來的，我不容許你質疑德國軍人的誠信。

第6章

可是閣下，那三人之中沒有半個人回來，不是嗎？
那就派出使者吧…
副官施特萊克少校
可是閣下，我們已經派出三名使者去請羅索將軍了，卻沒有半個人回來。
再派使者也只是徒勞。
不許你對將軍以下犯上。
是。
外頭的狀況怎麼樣了？
羅姆上尉和希姆萊佔領了軍司令部。
前慕尼黑警察局長出身的少校，則率領衝鋒隊前往鎮壓警察。
ザッ
ザッ
ザッ
ザッ

*噠噠噠

他們雖然闖進了警察局，卻全員遭到逮捕。
此時，慕尼黑團長收到國防部的命令，開始對政變進行鎮壓。而司令長官羅索也平安歸來了。
好痛。
啊，將軍！
我逃回來了。
怎麼腫成這樣？
喂，軍醫，快點治療將軍！
這點小傷根本無所謂，希特勒可是傷害到我身為軍人的名譽了。
名譽？
他用槍頂著我的頭。
實在太過份了。

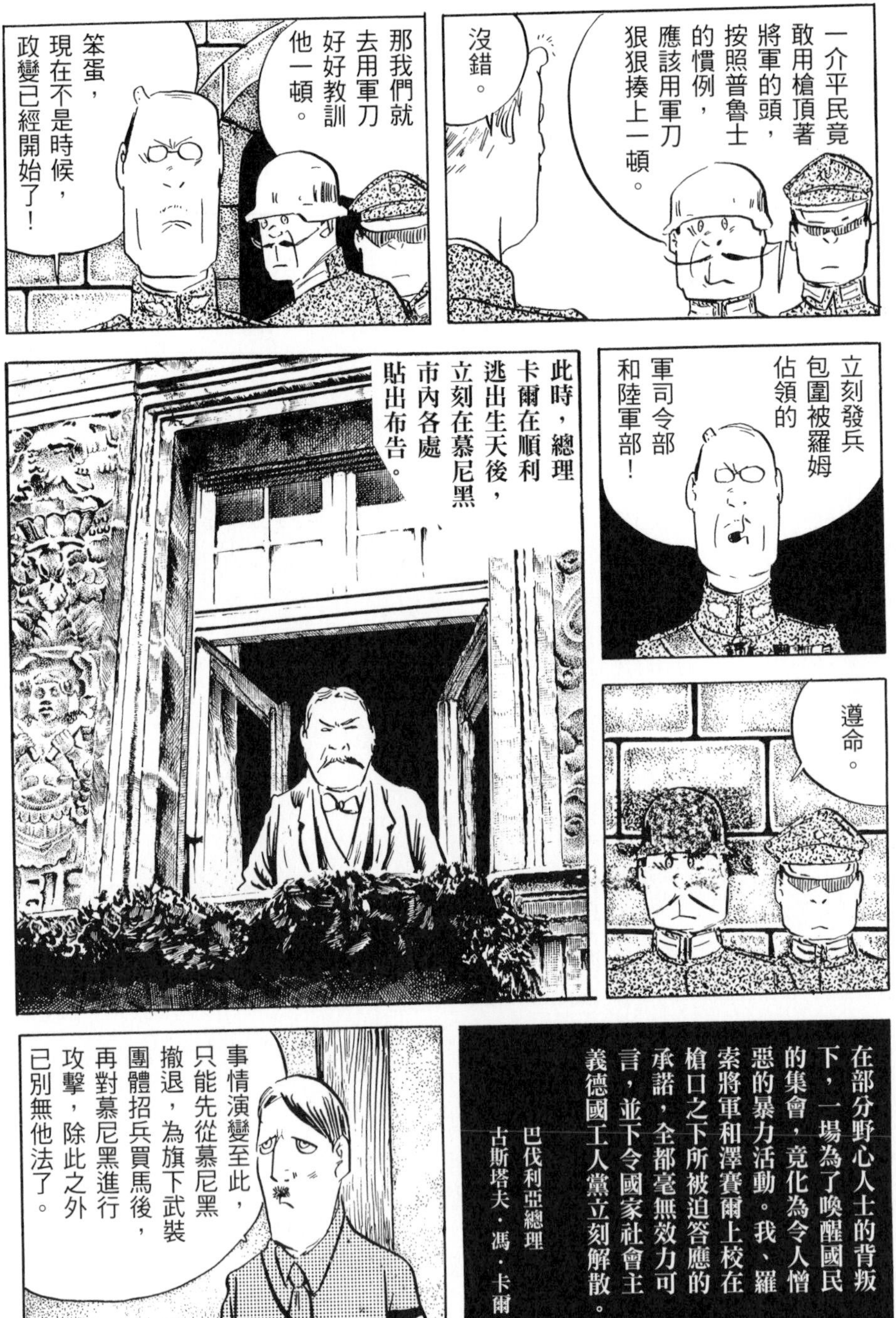
一介平民竟敢用槍頂著將軍的頭，按照普魯士的慣例，應該用軍刀狠狠揍上一頓。
沒錯。
那我們就去用軍刀好好教訓他一頓。
笨蛋，現在不是時候，政變已經開始了！
立刻發兵包圍被羅姆佔領的軍司令部和陸軍部！
遵命。
此時，總理卡爾在順利逃出生天後，立刻在慕尼黑市內各處貼出布告。
在部分野心人士的背叛下，一場為了喚醒國民的集會，竟化為令人憎惡的暴力活動。我、羅索將軍和澤賽爾上校在槍口之下所被迫答應的承諾，全部毫無效力可言，並下令國家社會主義德國工人黨立刻解散。
巴伐利亞總理
古斯塔夫・馮・卡爾
事情演變至此，只能先從慕尼黑撤退，為旗下武裝團體招兵買馬後，再對慕尼黑進行攻擊，除此之外已別無他法了。

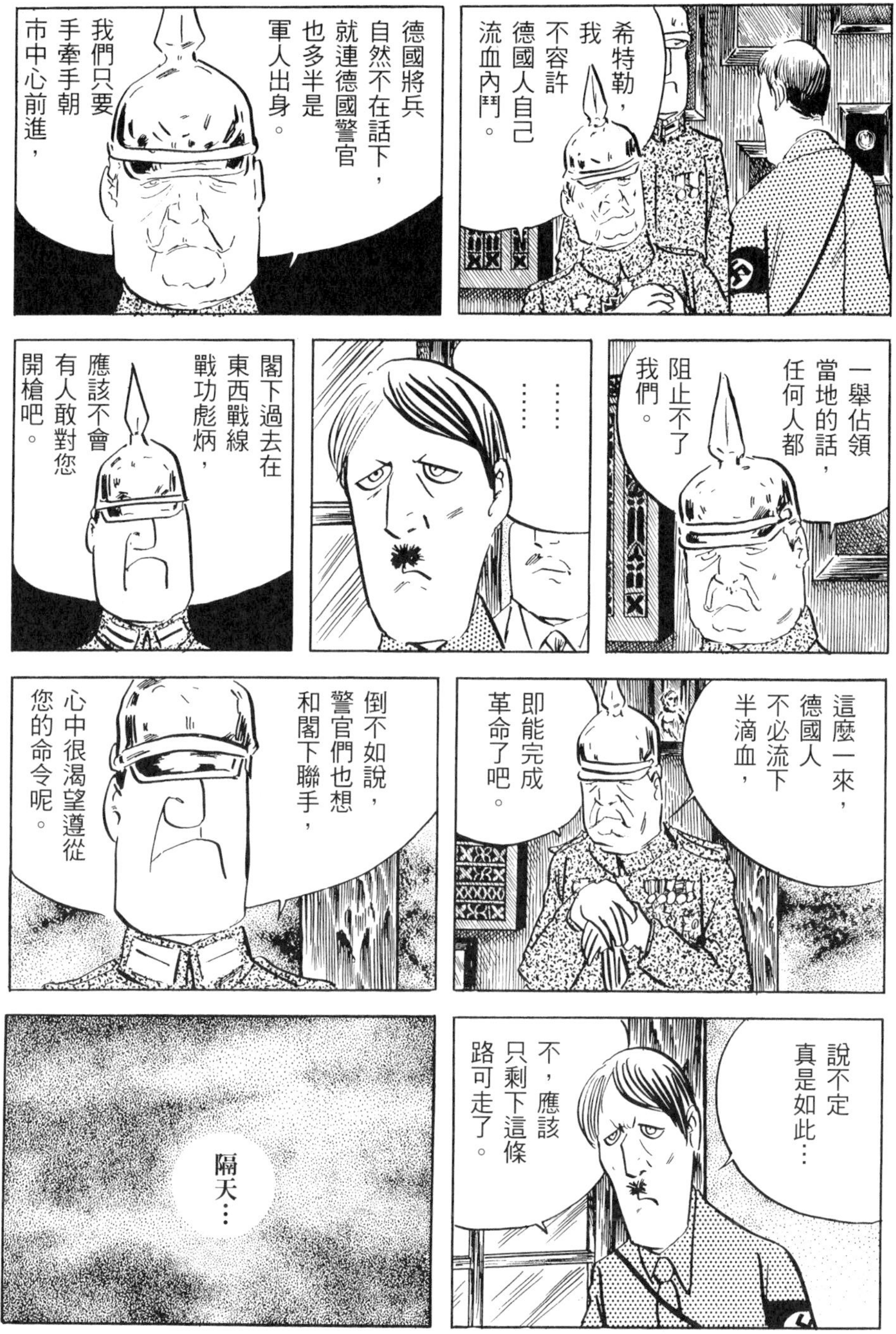
希特勒，我不容許德國人自己流血內鬥。
德國將兵自然不在話下，就連德國警官也多半是軍人出身。
我們只要手牽手朝市中心前進，
一舉佔領當地的話，任何人都阻止不了我們。
……
……
閣下過去在東西戰線戰功彪炳，
應該不會有人敢對您開槍吧。
這麼一來，德國人不必流下半滴血，
即能完成革命了吧。
倒不如說，警官們也想和閣下聯手，
心中很渴望遵從您的命令呢。
說不定真是如此…
不，應該只剩下這條路可走了。
隔天…

一九二三年十一月九日，
就在威廉二世亡命荷蘭，
德意志共和國建立
五週年的紀念日⋯
希特勒和魯登道夫
一馬當先，率領著
三千名衝鋒隊
（ＳＡ）朝慕尼
黑市中心
前進。
一台架有
機關槍的卡車
緊跟在後。
STOSSTRUUPP.HITLEP
MUNCHEN

一隊武裝警察出現在叛軍的面前。
如果你們敢對我們開槍的話，隊伍後方的政府高官俘虜就會遭到射殺。
……
……

警官隊聽信了戈林的話，默默地放他們通行。
赫斯等人為了以防萬一，趁夜裡抓了許多人質，其中甚至還包括二名部長。
過了中午之後，他們來到了原本行進目標的陸軍部附近。羅姆等人在陸軍部遭受軍隊包圍，雙方都沒有開槍射擊。
閣下，我們朝音樂廳廣場前進吧。
這是為了救出羅姆和希姆萊。

但是音樂廳廣場有上百名全副武裝的警官隊已在此等候。
ザッ ザッ ザッ
別開槍！魯登道夫閣下也在這裡。
警官隊的各位！
快點投降吧！
速速投降！
ズドドドン ドーン

*噠噠噠

*轟隆、砰隆

＊碰咚　＊嗚呃　＊咻——

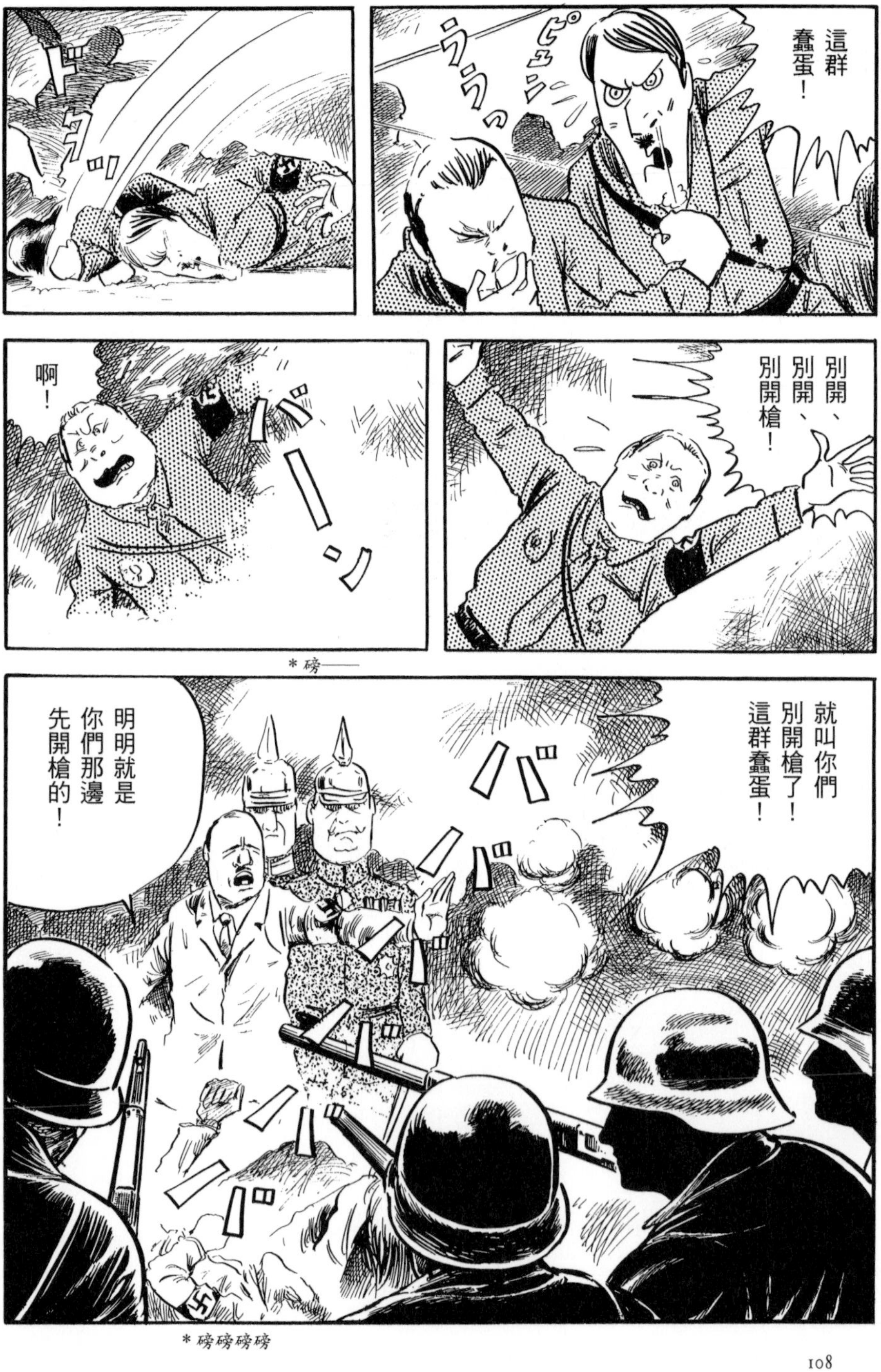
這群蠢蛋！
別開、別開、別開槍！
啊！
就叫你們別開槍了！這群蠢蛋！
明明就是你們那邊先開槍的！

＊磅——

＊磅磅磅磅

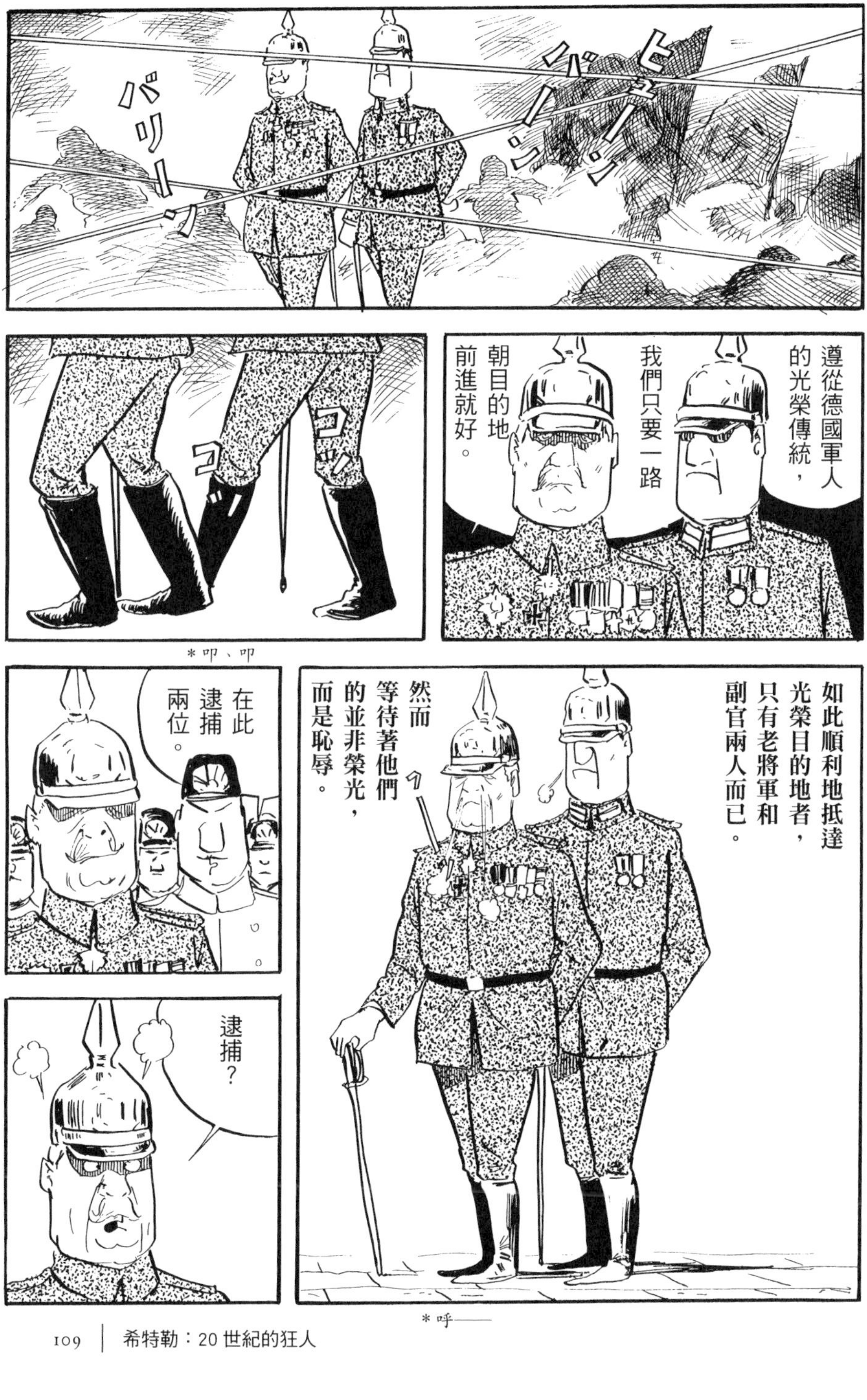
＊咻——砰——磅——
遵從德國軍人的光榮傳統，
我們只要一路朝目的地前進就好。
＊叩、叩
如此順利地抵達光榮目的地者，只有老將軍和副官兩人而已。
然而等待著他們的並非榮光，而是恥辱。
在此逮捕兩位。
逮捕？
＊呼——

對於那些沒有和我一起走到最後的人，
我瞧不起你們！
同時，我也瞧不起那些沒有配合我的陸軍和警察！
今後我非但不會認同德國軍官，而我終此一生……
都再也不會穿上軍服了！
＊哐啷
站在希特勒身旁的黨員李希特，就這麼命喪現場。和他手牽手的希特勒也跌了個狗吃屎，落得肩膀脫臼、被迫撤退。十六名黨員在此役中失去性命，讓鉤十字染上了鮮血。
希特勒逃到友人的別墅，接受女性看護的照料……

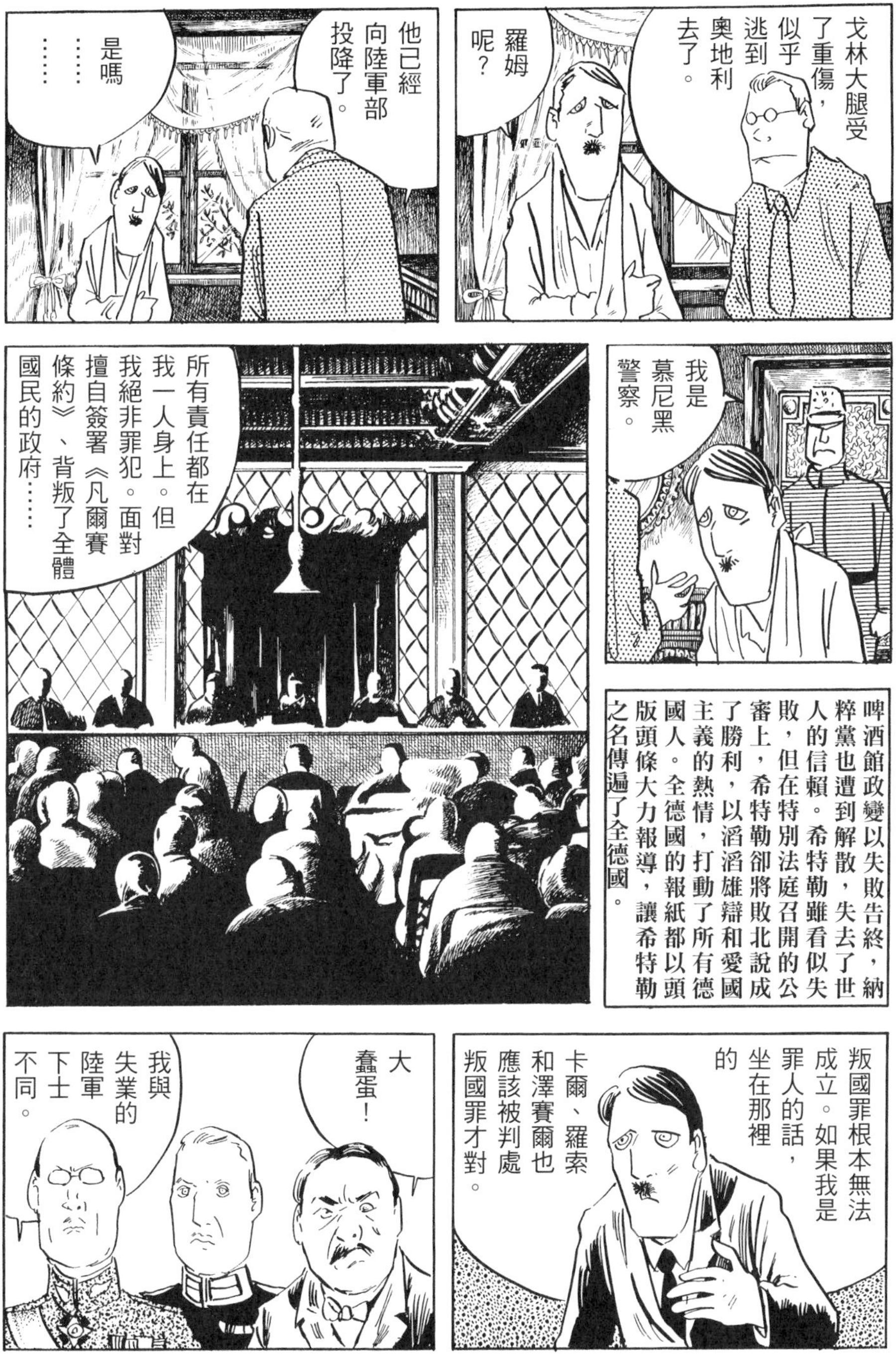
戈林大腿受了重傷，似乎逃到奧地利去了。
羅姆呢？
他已經向陸軍部投降了。
是嗎……。
我是慕尼黑警察。
啤酒館政變以失敗告終，納粹黨也遭到解散，失去了世人的信賴。希特勒雖看似失敗，但在特別法庭召開的公審上，希特勒卻將敗北說成了勝利，以滔滔雄辯和愛國主義的熱情，打動了所有德國人。全德國的報紙都以頭版頭條大力報導，讓希特勒之名傳遍了全德國。
所有責任都在我一人身上。但我絕非罪犯。面對擅自簽署《凡爾賽條約》、背叛了全體國民的政府……
叛國罪根本無法成立。如果我是罪人的話，坐在那裡的
卡爾、羅索和澤賽爾也應該被判處叛國罪才對。
大蠢蛋！
我與失業的陸軍下士不同。

我們可是大幅提升國家地位的名士。
早從這位**失業下士**想把陸軍和國家玩弄於股掌之間，而敲起愛國運動的大鼓時，我就覺得其中必有蹊蹺。
沒錯。
小人之心難度君子之腹。
我從不認為一介部長的頭銜，值得讓我拋頭顱灑熱血。
打從一開始，我的目標就不是放在部長這麼寒酸的地位，
而是著眼於高出千倍之處。
區區一個**敲邊鼓的**也妄想當上獨裁者。
真是不知天高地厚的笨蛋。
為了當獨裁者而生之人，不是被別人要求才登上大位，而是自己渴望獨攬大權。
不是被別人拖著往前走，而是自己向前大步邁進。
這麼做根本沒必要覺得愧疚。勞工若大力鞭策自己，賣力從事辛苦活，這有什麼好愧疚的呢？
發明家若為全世界開創出嶄新發明，又算什麼狂妄呢……
三人即便口出惡毒之言，仍然敵不過希特勒一人。

* 碰咚

希特勒一邊向法官投注火熱的視線，一邊如此高喊：
做出判決的人不是你們，
而是名為歷史的永恆法庭，
在歷史這座法庭上，本黨黨員、魯登道夫將軍，
以及其下屬，只不過是一心為我們祖國好，
才會挺身而戰，並以渴望一死的德國人之姿來接受審判。
希特勒被判處五年徒刑。一九二四年四月一日，他被關進位於萊希河上游的古老要塞蘭茨貝格監獄。

服刑不久，他便透過口述，讓魯道夫・赫斯代筆一本書。
這本書作為我對未來的預言，
一切都包含在書中。
是。
他在獄中開始著手撰述這本知名的《我的奮鬥》。
希特勒一點都沒改變⋯
當年那位維也納藝術畫家（？）的妄想，透過這本書而逐漸化為現實。他的夢想就是將德國，不，全歐洲，以全新作品的形式而在現實中重生。他手中的筆，就是最大的力量⋯

第7章

啤酒館政變後，中央政權發行了新貨幣「地租馬克」，解決了通貨膨脹的問題。此外，在倫敦的戰勝國會議上，決定援助德國。

美國提供了大筆資金，幫助德國重建經濟。賠償問題大致獲得解決，而希特勒畏懼不已的繁榮時代終於來臨。人們卸下了生活重負，納粹運動也隨之逐漸為眾人遺忘。

一九二四年十二月二十日，希特勒出獄，回到慕尼黑的二房公寓。
少了希特勒後，納粹黨內鬥爭層出不窮，事實上已陷入解散狀態。黨員們都在公寓裡等著他舉杯慶祝。
納粹黨實在不能群龍無首呢。
畢竟他是元首嘛。
*咻～
*噓～噓～
希特勒的心情很好。
他邊吃巧克力，邊吹著自己最擅長的口哨。
老大好厲害。
真的很會吹口哨呢。
*嗶～嗶～
相傳唯有希特勒心情大好的時候，才聽得到他吹口哨。

＊嗶～嗶嗶嗶～

＊啪啪啪

他對華格納的歌劇倒背如流，能用口哨演奏所有曲目，甚至吹得非常出色。
パチパチパチ
據傳在他坐牢的期間，每當黨內遇上紛爭、需要由他來定奪時，他也遲遲不肯拍板定案，好刻意削弱黨內勢力，但真相至今不明。隔年一月，在黨員的大力推薦下，他上門拜訪了巴伐利亞政府的總理赫爾德博士。
我是希特勒。
總理，希特勒來了。

法務部長，把這種野獸放出來，沒問題嗎？
他似乎已經深切反省過了，我們就寬大些吧…
我真的痛改前非了。
因此關於納粹黨及黨報遭到禁止一事，
能不能高抬貴手呢？
希望解除禁令是吧…不過你目前仍然處於保釋中…
只要稍微犯下一點小錯，馬上就會被關回去唷。
在下對此非常清楚，我今後會依照憲法規範行事。
如果你願意謹言慎行，要解除禁令倒也不是不行。
哈哈哈，事情進行得很順利。我是不會因此卻步的。

總之，首先要召開重建大會。
戈林亡命海外，魯登道夫則是跟我鬧得很不愉快。（魯登道夫希望代表納粹黨參加總統大選，卻遭希特勒拒絕）羅姆也離開了，而羅森堡因為黨內鬥爭而逃跑了，該拜託誰來當司儀呢？
對了，去找創立本黨的鎖匠德萊克斯勒吧。
他一定會很樂意幫忙的。
德萊克斯勒，關於重建大會一事⋯⋯
搞什麼，你不是來買鎖的呀？
我想你身為創始人，應該會願意擔任司儀⋯⋯

像艾瑟和施特萊徹那種不良人士要來參加的大會，我才不想主持呢。
咦？
我都已經說不想幫忙了。
那麼，我也不想拜託你。
＊哼哼
＊碰咚
ブツブツ
バタン
而在黨報《人民觀察家報》的出版社，元首文稿〈新政〉的稿費請款也引發了問題。
這稿費實在高得不像話，要殺價嗎？
殺價？
這麼做的話，他又要大發雷霆了。
元首說不定正在缺錢呢。
但他不是還有自己的車嗎？
那都是黨出的錢。總之，明天是重建大會，把錢送過去吧。

一九二五年二月二十七日，納粹重建大會。
會議選在啤酒館政變的事發地點「貝格勃勞凱勒啤酒館」舉辦。
パチパチパチ
只要是由我一人領導這場運動，並親自負起責任之下，
誰都不能對我提出任何條件。
這場運動不管遇上什麼問題，我都將再次全權負責。
パチパチパチ
各位，元首這次獲釋出獄，無疑是神的恩典。

＊啪啪啪

＊啪啪啪

這位龍心大悅的藝術家（？）表示……
關於我們的這場鬥爭，只會有兩種結局。
要麼是敵人跨越我們的屍體，
不然就是我們跨越他們的屍體！
うおーっ
*哇——
這場演說讓政府大吃一驚，於是下令禁止希特勒公然演說。這道禁令維持兩年之久，而其他邦也隨之禁止希特勒發表演說。對憑著滔滔雄辯而平步青雲的希特勒來說，不啻為一大打擊。
你觸犯了謹言慎行的承諾呢。
我太得意忘形，不小心說過頭了。

暫時得先低調一陣子了…
元首！
本黨資金已經見底了。
資金見底了…
我們只能打入上流社會，與大企業家搞好關係，請他們提供政治獻金了。
上流社會是嗎…
但本黨資金已經陷入坐吃山空的狀態。
我有認識的適合人選…
我可以居中介紹，總之先見面再說吧。
我不太會應付上流社會呢。

啊！是大理石。
哇，好高級的地毯，髒鞋子踩上去沒關係嗎？
啊，是香檳。
居然一開始就上香檳⋯
哇，真是太好吃了。這究竟是什麼菜？
他表現得有如劉姥姥進大觀園般，因此政治獻金的籌措始終不太順利，但他卻深受上流女士歡迎⋯

這是貝希斯坦夫人送來的。
是什麼呢？
哇，居然是西裝。
我正好想要一件藍色西裝呢。
怎麼樣，很適合我吧？
ピィピィピィピィ
*嗶～嗶～嗶～
元首，大眾政黨的黨主席不太適合做這種打扮。
有人提出這般意見。
無奈之下，希特勒儘管放棄了西裝和帽子，唯獨漆皮鞋，
他說什麼都不肯脫掉。
就在不久後…
政府似乎正在暗中計畫，要將元首放逐到國外。
放逐……
……

暫且離開慕尼黑，找個地方避避風頭吧……
我朋友在上薩爾茲堡擁有一座山莊，要不要去那裡呢？
就這麼辦。
上薩爾茲堡有個萬一時還可逃到奧地利去。
一九二五年，夏天。希特勒在這座山莊落腳，並找來同父異母的寡婦姊姊安潔拉．羅包爾，姊姊膝下育有一位十七歲的女兒潔莉。

謝謝妳們遠道而來。
潔莉現在幾歲了……
十七歲。
此後，只有在黨報辦公室召開會議時，希特勒才會出現露個臉，其他時間幾乎都待在山莊，以口述形式撰寫《我的奮鬥》。
此時，黨內有著葛瑞格．史特拉瑟這號人物，勢力僅次於希特勒……
史特拉瑟先生，我打算辭掉秘書一職……

希姆萊，你辭職後打算做什麼？
我想把精力投注在養雞的老本行上……
最近雞蛋賣得很好，宰成雞肉後更能賣到好價錢。
希姆萊在日後成為親衛隊領袖。
希姆萊掛冠求去之後，史特拉瑟雇用了戈培爾這位腳患殘疾的二十八歲青年作為秘書。
戈培爾在日後成為宣傳部長。
我打算修得博士學位，並靠寫文章來養家活口。
只是沒人要收我的原稿，呵呵呵。
受希特勒所託，史特拉瑟在德國北部不斷為納粹黨開疆闢土。然而作為黨內的實權人士，他也不時和希特勒爆發意見衝突。前德國王室的財產究竟該遭徵收，還是應視為個人財產，關於全德國上下關心的議題，兩人的意見完全南轅北轍。
史特拉瑟那傢伙，居然說要徵收王室財產。
可是我現在又不能公開發表演說……
與其出面反對，不如召開大會，直接作為全黨決議。
希特勒當時每個月都接受大公夫人的資助，一旦王室財產遭沒收，他的荷包也會大幅縮水。
我堅決反對。
居然想沒收王室財產，這根本是猶太人才會幹的事。
費德，你代替我去跟他們好好抗議一番。

北部地區
關於王室財產一事，元首大大反對各位的意見…
什麼反對？
這就有趣了。
如果是這樣的話，我倒認為本黨務必開除阿道夫．希特勒這個小布爾喬亞。
沒錯，沒錯。
本黨應該要更自由民主才對。
與羅馬教宗一樣會說「我絕對不會犯錯」的小鬍子，根本沒有存在的必要，哈哈哈。
我們不需要這種違反民主的做法。
在這場會議上，希特勒過去擬訂的舊黨綱遭到否決，而史特拉瑟的新黨綱則在多數決下拍板定案。如此一來，已經演變成對希特勒的公然叛變。

第8章

希特勒在山莊裡口述著作《我的奮鬥》下冊。
作為上天所選中的天才，即便一開始無法為世人理解、價值無法獲得認同，
但他仍然能夠領導偉大的國民，一路克服重重難關，邁向更偉大的前程……
啊，舅舅。
那我繼續口述。
……
……？
＊啾——

天才即便確信自己是天才……
世間至今卻遲遲不肯
認同他……不管身處於哪個時代，
這都是天才必須揹負的命運……
世間實在難以相信，此人乍看毫無出奇之處，為何會變得如此與眾不同……
？……
對所有卓越超群的人來說，這都是一再上演的必經過程……
＊啾——
チュー―ッ
元首，一切準備就緒。
赫斯，開門進來前，記得要先敲門……
是，我會多加注意。因為我想著要盡快出發，否則就趕不上會議了。

一九二六年二月，
南德城市
班伯格。

希特勒挑了北部領袖難以抽身的平日，在班伯格召開集會。北部代表出席者只有史特拉瑟和戈培爾而已。史特拉瑟和希特勒花了一整天討論。希特勒一開始便佔了人數優勢，就連史特拉瑟最大的支持者戈培爾也遭攏絡，終於取得了勝利。

會議進行的途中，戈培爾站起身來……

在仔細聆聽了希特勒的意見後，史特拉瑟與我所站的這一方顯然是錯的。
EUTSCHL
RWACHE

此刻，我們該做的就是
承認自己的錯誤，並遵從希特勒的意見。
於是史特拉瑟就這麼敗下陣來。剩下的只有好好安撫手握實權的史特拉瑟，以避免黨內分裂……
史特拉瑟，像你這樣的人物，不能再繼續過著這種一般人的生活了。
……
……？
把藥房賣了吧。
史特拉瑟當時以藥師為業。
你可以利用本黨資金，好好經營符合你身分的事業……
阿道夫，就這麼辦吧。
到了年底，希特勒向來十分敬重的※張伯倫，傳出了病重的消息……

※休斯頓·斯圖爾特·張伯倫（一八五五～一九二七）……英國出生，定居於德國的哲學家。為華格納的女婿。他所創作的《十九世紀的基礎》成為泛德意志與反猶主義的寶典。

他在一九二三年遇見了當時仍默默無聞的希特勒，並預言道：「你揹負著非達成不可的巨大使命。」自此之後，他便成了希特勒的精神導師。
張伯倫老師，阿道夫來看您了。
喔，你來啦，德國的希望！
我對大德意志主義所抱持的信念，至今仍絲毫未變。你是神所指派，為帶領德國而現身的偉大天才。
哦，神之預言者！
你的聲音撼動了我的靈魂…
嘻嘻嘻嘻嘻
呵呵呵呵呵

他目前全身不遂，並陷入病危狀態，請別讓他太過激動……
我們正在進行高尚的會議。
聖人之間的崇高對話，凡人是無法理解的……
德國能孕育出像你這樣的人材，正象徵了德國本身的生命力，德國萬歲！
預言者說得沒錯……
?
天才的靈光一閃是與生俱來的才能，而非後天培養的產物，要做的只剩稍加學習一下。
從你身上散發出的這股催眠性磁力！
這若非天才的特徵，又能是什麼呢……
哦哦，神選之子呀，你說得沒錯。

＊嘻嘻嘻嘻　＊呵呵呵呵

你才是上天派來、率領德國人民走出荒野的神選之子。
喔喔，預言者呀……
張伯倫於一九二七年一月去世，參加葬禮的名士僅希特勒一人。
阿道夫舅舅，你要開車去柏林嗎？
沒錯。
潔莉，
妳可不能隨便和別的男人交往唷。

柏林……
在政治犯獲特赦之下，戈林終於從瑞典回國了……
別來無恙。元首。
您身旁的女性是？
啊。
她是我的姪女。
請多多指教。
妳去隔壁房間找司機莫里斯吧。
她該不會是元首的……
一開始只不過是溺愛的姪女，但兩人之間越來越可疑了……
啤酒館政變時的傷勢怎麼樣了？
我腹部中了兩槍……

我為了止痛而開始服用嗎啡，沒想到自己會對嗎啡上癮。我足足花了兩年戒癮。
本來聽說是腳部受傷，原來是腹部呀。
近況如何？
不但演說遭到禁止，本黨資金也見底了…情況不妙。
我靠著大啃提洛爾的蘋果勉強度日。
原來如此。
我也試著打進柏林的上流社會，想辦法穿針引線吧。
柏林的大區長官是誰？
是戈培爾。
納粹將全德國劃分為三十四區，稱為「大區」，而每個地區的負責人則被稱為大區長官。
而在隔壁房間……
潔莉，我深愛著妳，絕無虛言。
你小心被舅舅臭罵一頓。
我才不在乎呢。
莫里斯！
啊。

你該不會是在對潔莉動手動腳吧？
沒有，只是碰到衣服而已。
即便如此，你還是要被槍斃。
舅舅，別激動，什麼也沒發生。
我不容許男人隨意接近我的可愛姪女。
莫里斯，你以後和潔莉說話，最好隔個兩、三公尺！
一旦觸犯這條禁令就槍斃，知道了嗎？
是。
希特勒對潔莉實在太過溺愛，其他男人只要敢碰到她一根汗毛，後果就不堪設想了。他日後自述，在政治上有志難伸、和潔莉一同共度的這段時期，是他人生中最幸福的日子。在為期兩年的公開演說禁令解除後，他立刻開始為瀕臨瓦解的納粹黨奔走。
一九二六年擁有的四萬九千名黨員，在二七年成長為七萬二千。
NSDAP
DEUTSCHLAND
DEUTSCH

各位，現在的繁榮景象，只不過是虛有其表、靠債務堆砌起來的繁榮，不景氣遲早又會來到！

一九二八年五月的國會選舉上，共有十二位納粹黨員當選。
於是，有錢人也開始慢慢對納粹黨提供資金了……

特別是艾米爾．基爾多夫，每年都深受紐倫堡的納粹黨大會感動，捐助大筆金額。
就用這筆錢來蓋總部吧！
此時，自稱藝術建築家的希特勒生平第一次埋首於設計。
＊嗶～嗶～
日後就連元首官邸的傢俱，全由他一手設計。
我泡了咖啡。
舅舅，你為什麼老是在畫一樣的設計？
要如何在有限空間內營造出雄偉的形象，令我傷透了腦筋……
美術演講就到此為止吧，比起這個，
你到底肯不肯讓我去學聲樂呢？

當然是不行囉。
只要一想到妳在大批壞男人面前引吭高歌的樣子，我就受不了。
只是學的話就沒關係吧。
外頭有很多感染**梅毒**的男人在亂跑。
妳知道梅毒有多可怕吧？乖乖待在舅舅身邊，對妳來說最幸福了。
妳最近似乎常趁我不在的時候溜出去。
千萬不能在沒有舅舅的許可之下外出，世上的壞男人實在太多了。
由希特勒所設計的慕尼黑納粹總部。此時，他在慕尼黑租了一間九房的高級公寓，而潔莉也分到了其中一個房間，但據傳他們的生活並不富裕。

一九二九年，世界經濟衰退，面臨大蕭條。納粹黨在一九三〇年的選舉中贏得一〇七席，就此躍升為第二大黨。
政權就在眼前了。
就差一步了。
BINDER

咦，潔莉人呢？
哎呀，她不在房間嗎？
不在，如果她被外八的猶太人拐走的話怎麼辦？
潔莉！
啊！
要是被舅舅逮到，我們就完蛋了⋯
妳舅舅還不是和其他的女人⋯

第9章

潔莉，妳在幹什麼？
啊！
那男人是誰？莫里斯嗎？沒錯吧！
不是他。
*哎呀
是舅舅不認識的人。
瞧妳不敢說出他的名字，應該是猶太人吧。
……
……
果然如此…
妳應該很清楚，猶太人是最下賤的劣等人種吧。
只要和猶太人上過一次床，德國婦女的血就會遭到玷污，從此猶太化，知道嗎？
我才沒聽過這種邪說。
笨蛋！我最擔心妳的事了。走，我們回家吧。

啤酒館政變後，羅姆離開了德國，加入南美玻利維亞陸軍而升上中校。一九三〇年底，衝鋒隊（ＳＡ）如今已經化為黑社會，不再受控。希特勒找上了羅姆，希望他能管管衝鋒隊。
羅姆從玻利維亞回國了。
你好像拿衝鋒隊沒輒呢。
羅姆和希特勒之間是可以平輩互稱的老交情。
不僅衝鋒隊……我也希望國防軍能加入我們的陣營。
國防軍和衝鋒隊若繼續交惡的話……
在希特勒的請託下，羅姆在混進國防軍的同時，也和施萊謝爾將軍結為好友。他是國防軍中的一號人物。
兩人一再會面。

我認為德軍必須更為茁壯強大。
將軍，我也深有同感。
衝鋒隊和納粹黨也抱持著相同意見。
N·S·D·A·P
進展如何？
國防軍和衝鋒隊間立下了相互友好的君子協定，衝鋒隊就交給我吧。
羅姆當上衝鋒隊的參謀長。納粹如今已躍升為國會第二大黨，而企業家也無法再忽視納粹的存在。
選舉資金就交給我們來籌措吧，也請不要忘記我們企業家的利益。

我十分清楚。
本黨應該就快奪下政權了吧。
而且※興登堡總統年紀也不小了。
黨員人數達到二十五萬，奪下政權已是遲早的事。
Berlin
DEUTSCHLAND
Hessel
Giessen
Neisse
ERWACHE
這是個比俾斯麥更艱困的時代…
元首這話已是總理的語氣呢。
哈哈哈。
……
……
怎麼了？
那個，潔莉自殺了……
咦！
自殺！

※保羅・馮・興登堡（一八四七～一九三四）……於一九二五至三四年間擔任德國總統。一九三三年任命希特勒為德國總理。

啊……
啊……
究竟是為什麼？
一切都是我不好！
我不應該阻止她去維也納的！
元首！
放開，都是我……
全都是我不好……

NSDAP
DEUTSCHLAND
ERWACHE
什麼，元首他!?
不，自殺的是元首的姪女潔莉……
他已經陷入狂亂狀態。
在如此重大的時期陷入狂亂，本黨究竟該如何是好？
為了怕他跟著一起自殺，
我整整陪了他兩天兩夜，他已經開始精神恍惚了。
他已經三、四天沒有睡覺了吧。
再過兩個星期，他就要去見總統了。
如果他發瘋的話，一切就完了。
FISCHE
就算還沒發瘋，也相去不遠了。
總之先和他談談，讓他轉換心情。

他已經去維也納了。
維也納？
他跑去潔莉下葬的墳墓了。
獨自一人嗎？
沒錯，因為奧地利政府發的特別掃幕許可，只允許一個人去…
大事不妙了。
說不定他現在已經和潔莉的遺體一起入棺了。
大事不妙了。
兩、天後，在潔莉的下葬之處……
元首。
啊，是你們呀……
您為何在此挖洞…

唯有一同葬於此地，才能弭平我胸中的悲痛……
我們了解。
總之請好好休息吧。
洞就交給我們來挖。
睡眠不足是很傷身的。
你們願意幫忙嗎？
元首，振作點……
他們好不容易把希特勒從維也納拉了回來，並在十五天後會見了興登堡總統。
希特勒先生，我是施萊謝爾，請多多指教。
彼此彼此。
興登堡閣下，希特勒來了。

今天的會議是為了……
討論總統任期延長一事……
這實在是……
○○××……
在潔莉自殺的打擊下，
希特勒陷入精神錯亂，長篇大論地胡言亂語著……
在鼻屎和眼屎彷彿如出一轍的同時……
我們明白你的意見了。
那就好。
這種波希米亞的下士根本不配當總理！
這個嘛，郵政部長應該還當得來吧。
差不多吧。
這次的對話可謂他坐上德國總理寶座的首次機會。在如此關鍵時期，希特勒卻陷入精神錯亂，因此風向對納粹黨相當不利。納粹黨的人認為，這應該是他失去了深愛的姪女而受到打擊之故。經歷此次衝擊，希特勒決定投入禁食苦行，再也不吃肉，搖身一變為素食主義者。相傳他日後只要一提到潔莉，就不禁泛淚。

從一九二九年到三二年，德國產業的生產量從中腰斬，失業者多達六百萬人。此時加入納粹運動者，多半是父親在第一次大戰中陣亡，靠母親一人拉拔長大，好不容易步入社會，卻遇上了不景氣而求職無門。他們找不到生活樂趣，只好加入納粹黨，尋找與自己同樣憎恨這個世界的同伴。
希特勒高喊著……
Adolf Hitler
今天的慘況……
全都是猶太財閥幹的好事！
在巧妙的宣傳下，納粹黨吸引了因經濟恐慌而為生活所苦的人們，勢力不斷擴大。隨著恐慌攀升至最高點，在一九三二年七月的選舉上，納粹黨將二百三十名議員送進了議會，大幅超越了社會民主黨（一百三十三名）而躍升為第一大黨。然而這仍然不足以在議會取得過半席次，政權始終未能交到希特勒的手中。

自一九三二年夏天起，來勢洶洶的經濟恐慌出現恢復趨勢。一九三二年十一月選舉中納粹黨首次吞敗，儘管保住第一大黨之位，議員席次卻從二三〇人掉至一九六人。

相反的，共產黨的席次則從八九人升到一〇〇人，成長為一大勢力。比起納粹黨，德國人民已開始將期望放在共產黨身上。對德國的有力人士而言，共產黨若是獲勝可就不妙了。自這天起的三個月內，德國政壇為了防止共產主義革命，有力人士開始暗中活躍了起來……

總統，本黨如今已成為第一大黨，我應該有權利要求總理寶座……
你確實是最有力的人選，但納粹黨在議會還沒有過半數。
因此我有個提案，你何不跟其他政黨一起組成聯合內閣…
由巴本擔任總理，你當副總理，怎麼樣？
我拒絕。本黨是德國最大政黨，沒必要和其他黨合作。
希特勒表面上的態度仍然十分強硬。巴本雖是總統屬意的人選，但支持他的政黨卻只佔了一成席次。
＊喀啦
如果要在議會攻下多數席次……
詭計多端的閣員施萊謝爾將軍表示…
就得讓納粹黨產生內部分裂，並加入政府陣營。
但這事要交給誰來辦呢？
就交給其他人來處理吧…
既然是你提出的方案，當然應該由你負責。
因此，施萊謝爾將軍就這麼坐上了總理寶座。
時為一九三二年十二月二日。

而在選舉吃了敗仗的納粹黨，
陷入嚴重的苦惱，黨內彌漫著一股低迷的氣氛……
照這樣，下次選舉納粹黨就完蛋了……
正如史特拉瑟所言，
希特勒實在太執著於總理這個職位了，應該先沉住氣，暫時接受副總理的地位才對。
施萊謝爾將軍將目光放到了史特拉瑟的身上，打著只要讓他入閣，納粹黨內部就會分裂的如意算盤。十二月三日，兩人私下碰面。
怎麼樣，未來由我組閣之時，要不要助我一臂之力？
黨內也有這樣的意見，
先讓我考慮一下吧。
請務必幫忙，我已經幫你準備好副總理的位置。
副總理……

不久後，納粹黨內幹部在柏林的凱瑟霍夫飯店召開會議。
組織部長 史特拉瑟
若不放棄希特勒的「全有或全無」政策，並和施萊謝爾將軍組成聯合內閣，
盡可能將權力抓在手中的話，再這樣下去，本黨就要分裂了。
納粹黨議員黨團總召弗利克
你說得很有道理。
國會議長戈林
我們反對。
宣傳部長戈培爾
我認為希特勒的做法才是對的。
史特拉瑟，
你是想背後捅我一刀，將我拉下本黨領袖的地位，好造成納粹黨的分裂嗎？
別開玩笑了，阿道夫，我始終對本黨忠心耿耿。
你才是在分裂本黨，帶領我們走向滅亡吧……
與施萊謝爾將軍暗通款曲的人，還算忠於本黨嗎？

阿道夫，我可是有很多話都忍著沒說出口呢。
你這個叛徒！
史特拉瑟回房後，寫信辭去黨內的一切職位，並將這封信交給了希特勒。信就如炸彈一般轟然落下，不僅造成黨內的分裂，更令凱瑟霍夫飯店內的氣氛變得和墳場一樣……這是希特勒在重建納粹黨後受到的最大打擊。正當政權即將唾手可得之際，頭號部下卻揚言威脅毀掉一切。
………
這麼一來，至今投入的努力，
全都要付諸流水了……
別說了。
希特勒在房內不斷來回踱步，
大喊道……
如果本黨就這麼分裂的話，我只需要一發子彈，便能在**三分鐘內**了結這一切！

＊喀

第10章

三分鐘內就能了結一切……
うわ
*哇啊——
ひそひそ
*竊竊私語
在協議之下，我們做出了結論，
應該和史特拉瑟重修舊好。
這樣的話，倒也不是不能和好。
弗力克被派作使者，趕緊去找史特拉瑟，但史特拉瑟此時已經啟程前往義大利了。

到了隔天，史特拉瑟派的人不知該如何是好。
希特勒已經恢復了元氣，開始轉守為攻。
這是譴責史特拉瑟的宣言，大夥們都簽名吧。
遵命。
NSDAP
費德，你的簽名呢？
我認為史特拉瑟的意見…
你要麼簽名，要麼就滾出本黨！
我簽。
下午，納粹黨幹部在凱瑟霍夫飯店齊聚一堂。希特勒在席間表示……

至今為止，
我不知忍受了
多少史特拉瑟
的
任意
妄為。
但我實在
沒想到，
那傢伙
居然就這麼
背叛了我們。
ううう
*嗚嗚嗚
希特勒心有
不甘地嚎啕
大哭，
現場眾人
也不禁
掉下淚來。
再這樣下去，
本黨將分崩離析。
為了
強化
黨內
向心力，
針對全國地方幹部
和衝鋒隊員，
我將當面
和他們好好
對話。
希特勒不惜
排滿行程，一天
演說五次之多。
納粹黨的每個
人都和我握手，
並誓死效忠
吧。

小鬍子，
別演戲了。
希特勒強忍怒氣，一一和每個人握手……
靠著超乎常人的努力，希特勒在史特拉瑟變節之後，成功防止了黨內的動搖。但黨內士氣仍然低迷不振，財政也面臨破產。大多數人都認為，納粹黨只能到此為止了。不過在施萊謝爾將軍的詭計之下，被奪走總理寶座的巴本也面臨了相同處境。巴本無論如何都想對施萊謝爾將軍報一箭之仇，為此必須和納粹攜手合作。另一方面，為了拯救隨時都有可能瓦解的納粹黨，除了好好利用深得總統信賴的巴本之外，希特勒也無路可走了。透過銀行家施洛德的介紹，這兩位深陷煩惱的男人終於碰面了。
希特勒先生。
巴本先生。
要在議會過半數的話，只能和國家人民黨組成聯合內閣了。
總理一職當然是非我莫屬吧。
不，這個職位還是交給我來當吧。
那、那可不成。難不成要前總理當一般閣員嗎？
總之，組成聯合內閣一事已經確定了。
只要保證聯合內閣會救濟德國企業家的話，資金方面就……
這我可以拍胸脯保證。
那施萊謝爾藉排除共產黨組成聯合內閣的計畫將以失敗告終。

一月二十二日，希特勒和總統之子碰面，並施下神奇的魔法，把總統之子拉入了自己的陣營⋯⋯
巴本先生，總統之子也贊成我的看法。
沒辦法，我就當副總理來協助你吧。
另一方面，打算靠陰謀來維持政權的總理施萊謝爾將軍，
開始覺得狀況不太對勁，不禁手慌腳亂了起來。
總統。
為了維護政權，我打算實施軍事獨裁。
*咚咚咚
請您點頭答應。
沒有取得國民的支持可不行。
一月二十八日，施萊謝爾逼不得已提出辭呈。

但總統遲遲不肯任命波希米亞的下士擔任總理。
總統閣下，大事不好了。有消息傳出，軍方正在準備政變！
沒辦法了，讓希特勒當總理吧。
要是等到發動政變可就太遲了。
希特勒下令，要衝鋒隊（ＳＡ）進入特別警戒狀態。
於是，一九三三年一月三十日，出生於奧地利的遊民終於被任命為德國總理。

納粹黨內只有弗利克擔任內政部長，戈林擔任不管部長。其他還有許多閣僚能夠壓制希特勒的氣燄。就算希特勒當上了總理，也沒什麼了不起的。
副總理，國會大樓失火了。
咦！
相傳這是希特勒叫戈林派衝鋒隊去放的火。
DEM DEUTSCHEN VOLKE
這是共產黨的犯案！
就在三月五日的大選之前，希特勒得到了鎮壓最大政敵共產黨的藉口，一共逮捕了四千名共產黨員和自由主義者，其中還包括了法律上不得逮捕的國會議員。在獲得了企業的大量選舉資金挹注之下，納粹黨展開了大型的選舉宣傳攻勢。
N·S·D·A·P
德國人民呀，請把四年的時間交給我。
要批評我們就等這之後再說吧。

納粹黨最後斬獲了二百八十八席囊括了總得票數的44％。再加上國家人民黨的五十三席，終於在國會達到過半數。希特勒宣示，國民革命已到此告一段落。
一九三三年三月二十一日，克羅爾歌劇院召開的國會上，對※《授權法》表決一案，希特勒嬌聲嗲氣地發表了演說。
我想這項法案基本上幾乎不會適用於各位身上。
社會民主黨領袖則發表了反對演說。
對於此歷史性的一刻，我們德國社會民主黨……
立誓將堅持人道和正義的原則，以及自由和社會主義的原則。無論任何授權性的法案……

※《授權法》……全名為《解決人民和國家痛苦法案》。此法案授權納粹政權完全「行政主導」，可不受國會限制通過任何法案。納粹黨透過如此的合法包裝，建立獨裁政權。

都絕不能將足以破壞永恆理念的權力，交到你的手上。
我才不需要你們這些禿頭的票！
贊成四百四十二票、反對九十四票，就此拍板定案。希特勒的時代就這麼來臨了，所有政黨立刻遭廢止，他廢除了德國的封建聯邦國家制，從中建立了一個中央集權國家。
我在此宣告全新體制的誕生。
全德意志民族都將在國家社會主義之下融為一體。
他對著協約國大喊：
《凡爾賽條約》之所以明文規定要德國裁軍，是打算以德國為先例，而協約國也將跟進裁軍作為前提。然而協約國非但未裁軍，反倒是開始擴張軍備。
因此德國當然也有權利要求軍備平等。
トン
對此，協約國當然不肯承認確有其事。於是希特勒也效法日本，一舉退出了國際聯盟。當晚在柏林市內，各處塞滿了手持火炬的行進隊伍。

此時衝鋒隊已是三百萬人的龐大軍事組織，而他們不滿希特勒宣稱革命告終。
二次革命要開始了！
搞什麼啊，我們賭上性命和共產黨一路奮戰過來，才終於走到這一步！
羅姆老大根本沒有得到回報嘛！
沒錯，革命還沒有結束。直到我們把普魯士貴族都從軍隊裡趕出去、建立屬於自己的軍隊那一天為止…
啊，是羅姆老大。
IA-4168

阿道夫是個人渣，那傢伙背叛了我們。
他不打算和反動人士切斷關係，才讓老同志們這麼不高興。
他最近和普魯士的白手套也走得很近。
沒錯。
一開始還是我先教他「軍隊」這兩個字是怎麼寫的呢。
阿道夫又寫信過來了。
什麼，他叫我改掉同性戀的脾性？
蠢死了，我可是雙刀流呢。
*哈哈哈哈
此時，希姆萊已從衝鋒隊當中挑選出菁英分子，另外成立了親衛隊（SS），由他親自擔任指揮。
N·S·D·A·P·
DEUTSCHLAND
親衛隊是重質不重量，有別於衝鋒隊那種缺乏品格的組織。
此時，戈林也創立了秘密警察「蓋世太保」，另外還掌握了警察勢力，和希姆萊聯手對抗羅姆。

若衝鋒隊裡有人想改當警官的話，我十分歡迎。
然而羅姆卻找上門來大發雷霆。
衝鋒隊是我一手拉拔大的孩子，才不會交給你呢。
一九三四年四月一日，希姆萊當上蓋世太保首長，兩人的關係也逐漸惡化。
阿道夫那傢伙，到底在打著什麼如意算盤……
對希特勒來說，衝鋒隊雖然也是心頭上的一塊肉，但宛如黑道一般的衝鋒隊，在近代戰爭中實在派不上用場。
果然只有普魯士一脈相傳歷史悠久的國防軍，才稱得上是強大的軍隊。
希特勒將羅姆立為閣員。於是羅姆便提議，國防軍和出征軍人團體都應設於羅姆的管轄之下，因而和國防部長大吵了一架。
隨著興登堡總統的病情不斷惡化，繼任總統人選的問題也浮上檯面，因此希特勒在德意志號裝甲艦上和國防軍進行了一次秘密會談。
軍方表示：「若願意徹底縮減衝鋒隊的話，我們就承認希特勒為興登堡的繼任人選。」於是希特勒便在六月初和羅姆碰面。

你老是把二次革命掛在嘴邊，但你應該很清楚，現在不是談這種事的時候吧？畢竟我究竟能不能當上總統，目前還在未定之天呢。而且你也太縱容衝鋒隊了吧，抱怨者實在層出不窮呢。再來你也早日戒掉斷袖之癖吧。
我從來沒聽說過有哪一國閣員是同性戀的。
當上總理之後，你真的變了很多。
你已經忘記當年和我一起在泥巴中打滾過來的事了吧。如今變得這麼時髦，
髮蠟上得閃閃發亮，我很討厭你現在的樣子。
你就是因為跟普魯士的老糊塗和胖子戈林走得太近，才會學壞的。
我是軍人，而你是藝術畫家。軍隊的事情交給我來處理就對了。
總之，衝鋒隊的名聲不能再繼續壞下去了。
你何不去巴伐利亞的巴特維湖市，讓自己好好靜一靜。
羅姆下令，從七月一日起，衝鋒隊全體獲得一個月的休假。
就在此時，名義上仍擔任副總理的巴本發表了重大演說。
廢止納粹黨的恐怖政治。

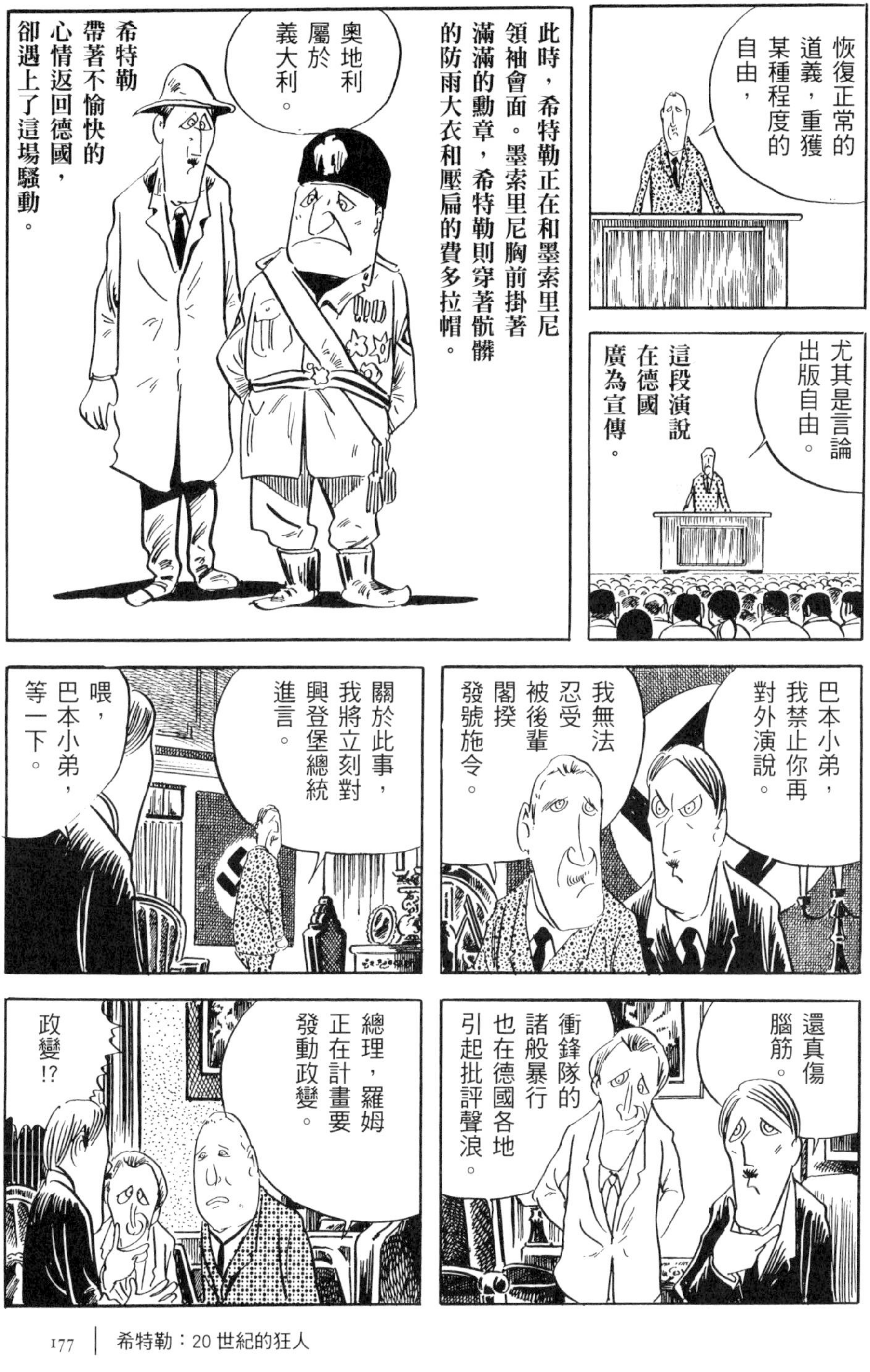
恢復正常的道義，重獲某種程度的自由，
尤其是言論出版自由。
這段演說在德國廣為宣傳。
此時，希特勒正在和墨索里尼領袖會面。墨索里尼胸前掛著滿滿的勳章，希特勒則穿著骯髒的防雨大衣和壓扁的費多拉帽。
奧地利屬於義大利。
希特勒帶著不愉快的心情返回德國，卻遇上了這場騷動。
巴本小弟，我禁止你再對外演說。
我無法忍受被後輩閣揆發號施令。
關於此事，我將立刻對興登堡總統進言。
喂，巴本小弟，等一下。
還真傷腦筋。
衝鋒隊的諸般暴行也在德國各地引起批評聲浪。
總理，羅姆正在計畫要發動政變。
政變!?

總統緊急召喚您晉見。
咦？總統嗎？
他到了之後，國防部長原先對屬下的態度，如今已蕩然無存。
總理來了。
啊，希特勒小弟。
你就站在那裡等著吧。
總統現在有話要說。
德國現今的緊張狀態若不能盡快解決的話，我打算就此發布戒嚴令，並將國家統治權交到國防軍的手中！
是……
這是老總統的最後通牒。若由國防軍奪得政權，不論希特勒或納粹政府都完蛋了！

第11章

針對總統和陸軍發出的最後通牒，幹部們做出了協議。
都是元首遲遲不肯處理羅姆，總統和國防軍才會等得不耐煩了。
但要解決掉羅姆的話⋯⋯
元首，那傢伙可是在計畫發動政變唷。
不快想想辦法的話，我們就危險了。
那就派希姆萊負責巴伐利亞、戈林負責柏林，盡快鎮壓政變。
巴特維湖市就交給我。
巴特維湖市的飯店

*鼾——鼾——

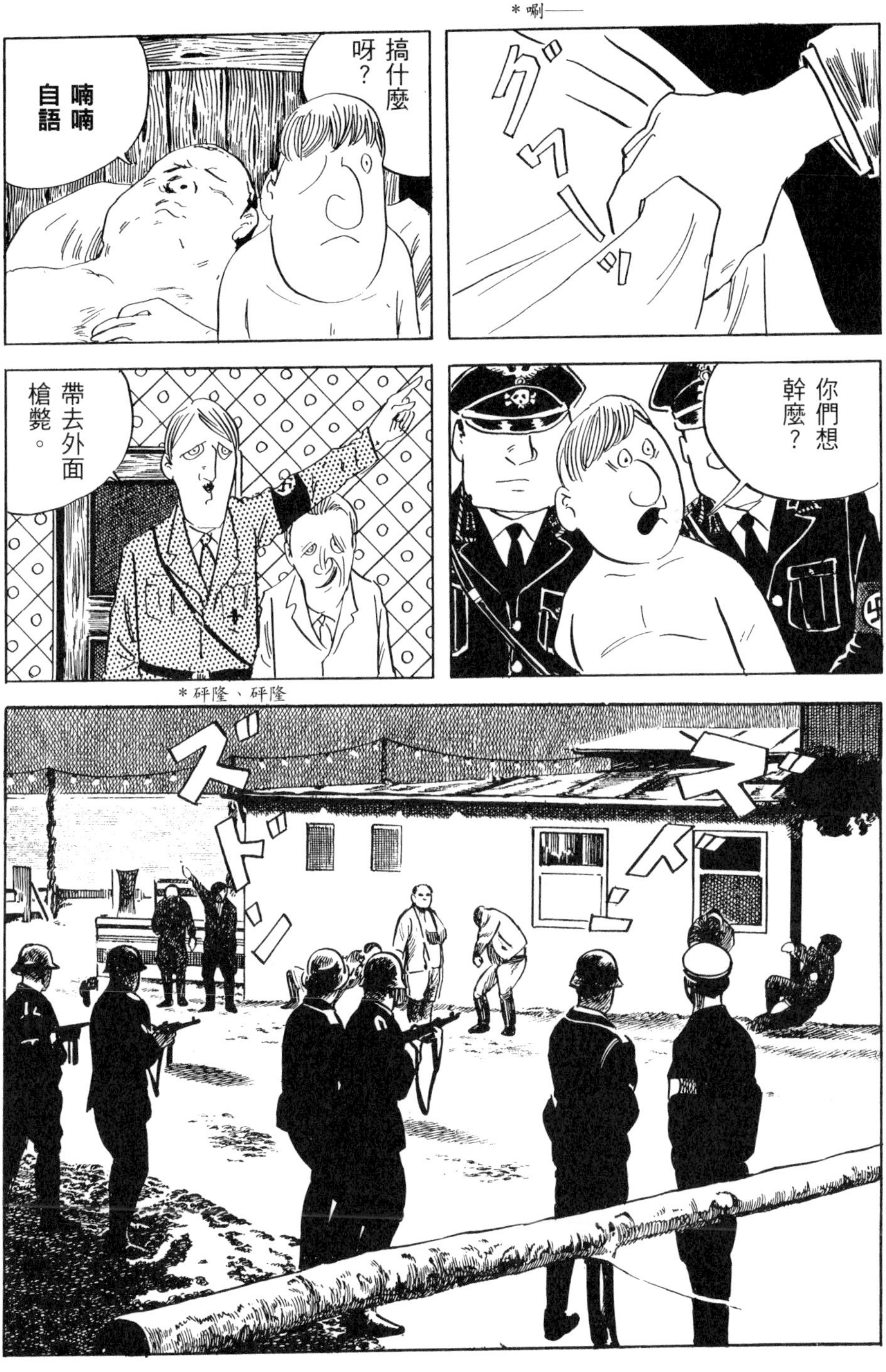
*唰——
グウーッ
搞什麼呀？
喃喃自語
你們想幹麼？
帶去外面槍斃。
*砰隆、砰隆
ズドン
ズドドン

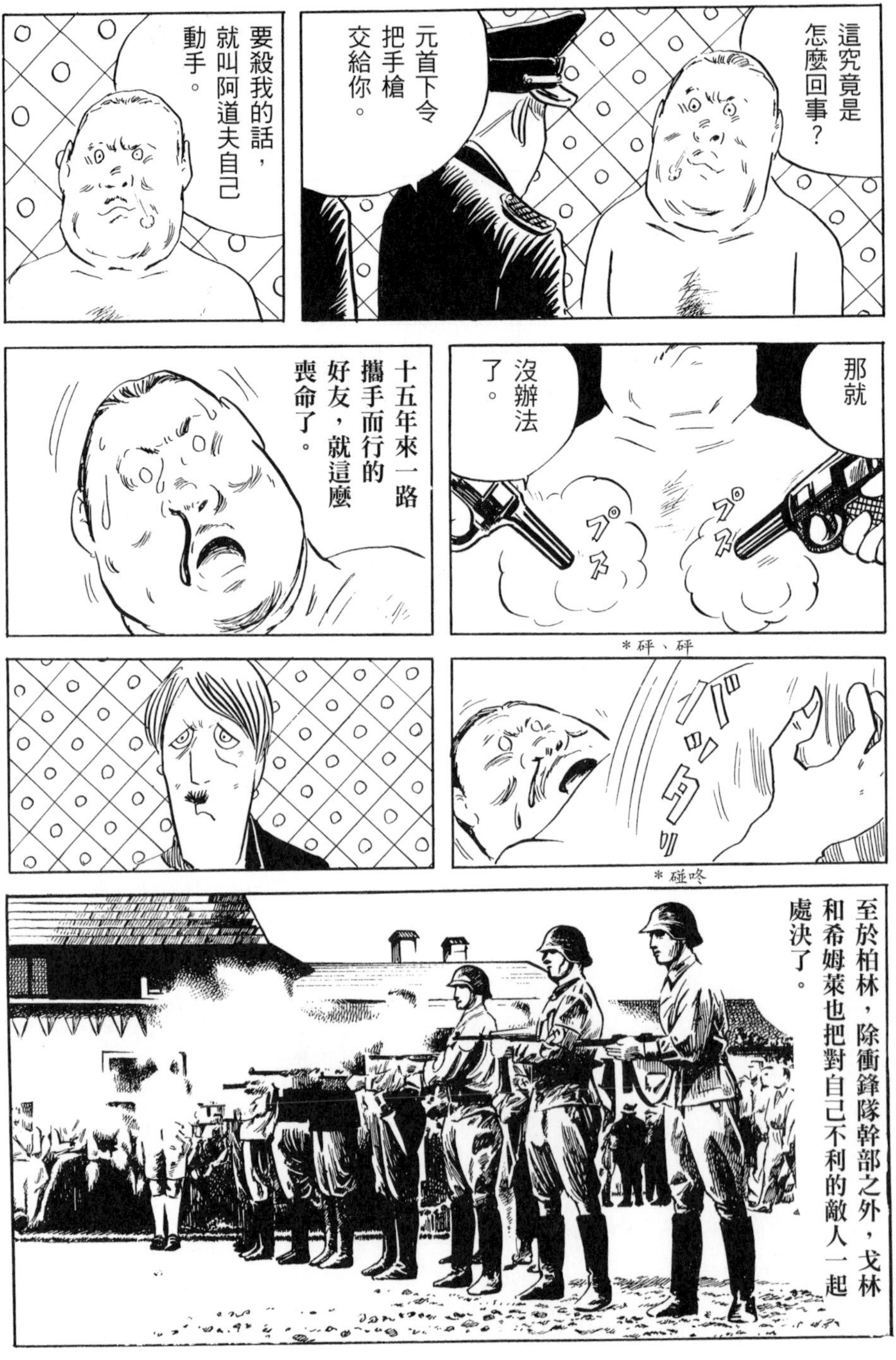
這究竟是怎麼回事？
元首下令把手槍交給你。
要殺我的話，就叫阿道夫自己動手。
那就
沒辦法了。
プス
プス
*砰、砰
十五年來一路攜手而行的好友，就這麼喪命了。
*碰咚
至於柏林，除衝鋒隊幹部之外，戈林和希姆萊也把對自己不利的敵人一起處決了。

希特勒帶著戈培爾，一同回到了柏林。
BERLIN
這是處決的名單。
……
史特拉瑟
前總理施萊謝爾將軍
卡爾（啤酒館政變時的總理）等人……
我們處決了上千人，今後做起事來就更方便了。
……
*噠、噠
コツ
コツ

隨著老友羅姆之死，國防軍的
士兵也都向希特勒個人宣誓
效忠了。他們如此宣誓道：
「我在此進行神聖的宣誓，
無條件服從於德國和德國元首
阿道夫・希特勒最高司令官閣下。
根據這個誓言，作為一名勇敢
的士兵，不管遇上任何困難，
我都對神發誓，必當獻上
一己之命。」

一九三四年八月二日，興登堡總統結束了八十七年的人生。在國民投票之下，希特勒被推舉為德國領導人，同時身兼總理和總統二職，德國人都視他為民族領袖，開始稱他為元首（Führer）。
在德國古都紐倫堡召開了納粹黨代表大會，「一個民族，一個帝國，一個元首」的納粹口號於焉誕生。

我的夢想是收復古代日爾曼以來的失土，從歐洲全境至東方的烏拉山脈為止，
建立起廣袤無垠的第三帝國（千年帝國）！

我當前的目標是建立大德意志…也就是包含了所有德意志民族的大德意志國。

奧地利雖是德意志人的國家，墨索里尼卻搶先一步擴張勢力，逼得奧地利總理下令鎮壓奧地利納粹黨。
德國
布拉格
紐倫堡
捷克
慕尼黑
林茲
維也納
奧地利
義大利
南斯拉夫
按捺不住的奧地利納粹黨，竟趁著陶爾斐斯總理一家前往墨索里尼家中遊玩時，
一舉暗殺總理、發動政變。
陶爾斐斯總理
大發雷霆的墨索里尼領袖派出了四個師團，朝奧地利國境進軍……
義大利不惜出兵協助奧地利保家衛國，德國若敢擅自越雷池一步，後果將不堪設想。
政變不久後便遭到鎮壓，十三名主謀被判處絞刑。
立場變得不太妙了。
雖然很過意不去，但我們還是要向各國強調，這起事件與德國毫無關係。
巴本小弟，請你作為親善大使前往奧地利。
是。

為了獲得德國的「生存圈」，也只有行使武力一途了。總之，就是要增強軍備。
一九三五年三月，希特勒向列國發表重整軍備宣言，這是對《凡爾賽條約》提出的挑戰。
有關違反《凡爾賽條約》一事，我等，即義大利、英國、法國將使盡一切手段來對抗！
蘇聯和法國更進一步結為同盟，將德國孤立在外。
我們義大利非得重振古羅馬帝國的榮光不可！
我們將堅決入侵衣索比亞！
義大利很強的！

墨索里尼
領袖萬歲！
一九三六年，義大利入侵衣索比亞。此事擺明違反了國聯憲章，國聯卻只向義大利抗議了事。希特勒見此決定冒險一場，於一九三六年三月派兵進軍※萊茵蘭，以大勝作收。
此時，墨索里尼和希特勒聯手相助西班牙的佛朗哥，並立下了德義協定。一九三七年九月，墨索里尼穿上特別訂製的制服，跨越阿爾卑斯山來到第三帝國。希特勒準備了盛大場面，迎接他的來訪。

※萊茵蘭（Rheinland）……位於現今德國西部，指萊茵河沿岸地區。自十七世紀以來，因其地理重要性成為兵家必爭之地，一戰後依《凡爾賽條約》規定為非軍事區。

希特勒先生，法西斯國家一旦結下了友邦，就會與友邦攜手走到最後。
奧地利根本一點都不重要。
義大利對奧地利絲毫不感興趣。
我絕不會忘記領袖的友誼。
為了強化彼此之間的團結、收穫更多，不如簽署日德義防共協定吧。
我深有同感。
另一方面失去了義大利奧援的奧地利政府落得束手無策。

在未發一槍一彈之下，就被併入德國了。
一九三八年，希特勒終於衣錦還鄉奧地利，來到回憶之城林茲。逾十萬人湧上街頭，高喊「希特勒萬歲」，手中揮舞著鉤十字的旗幟。
根據巴本的回憶錄所述，希特勒此時彷彿陷入了精神恍惚的狀態。
HarsLWessel
DEUTSCHLAND
*希特勒萬歲
ハイル
ハイル
*希特勒萬歲
ハイル
ヒットラー
*希特勒萬歲
ハイル
ヒットラー

*哇——萬歲、萬歲
如果神是希望我成為德國領導人，才要我離開此地的話，
我不得不說，自己只有收到唯一的使命。
而這份使命就是要讓我摯愛的故鄉…
重回德國的懷抱，除此之外不作他想。
我對這份使命始終深信不疑也為此一路苦戰過來。如今，我相信自己終於達成這份使命了！
*哇——希特勒萬歲——
我將令所有德國人民都能滿懷自信地指向自己的故鄉。
*哇——萬歲、萬歲

相傳希特勒在飯店裡哭了一整晚。
ELEKTRISCH
HAUSGERATE
DER
BUGELEISEN
過去曾在維也納和希特勒同居的友人庫比茲克，因為在校成績比希特勒優秀，
如今已成功當上了管弦樂團的指揮。
我的朋友希特勒現在來到了維也納。
朋友？
沒錯，我在他當上總理時曾寫信給他。
他也有回信給我。
自此之後，他都會邀請我去參加華格納音樂節，從旅費到火車票都是由希特勒買單⋯⋯
那你要不要去見見他？
畢竟他已經今非昔比了呢。

終戰後，庫比茲克被帶到美國中央情報局。在那裡針對當時自己和希特勒間的會面，接受了以下訊問。
你就是…
阿道夫．希特勒唯一的死黨嗎？
正是如此。
順帶一問，他有沒有送你什麼禮物？
沒有。
那他有沒有派美女來陪你呢？
沒有。
元首當時有接見你嗎？
他接見了我。
在毫無監視之下？
沒錯。
真的嗎？
是真的。
那你當時為什麼沒有殺了那個可恨的希特勒呢？

問我為什麼……
因為他是我的死黨呀。

是這樣嗎……
當時留下了這樣的紀錄。

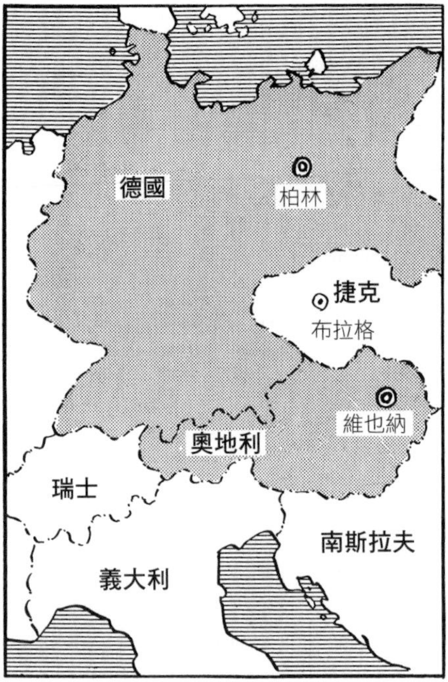
德國
柏林
捷克
布拉格
維也納
奧地利
瑞士
南斯拉夫
義大利

下一個獵物是捷克斯洛伐克。

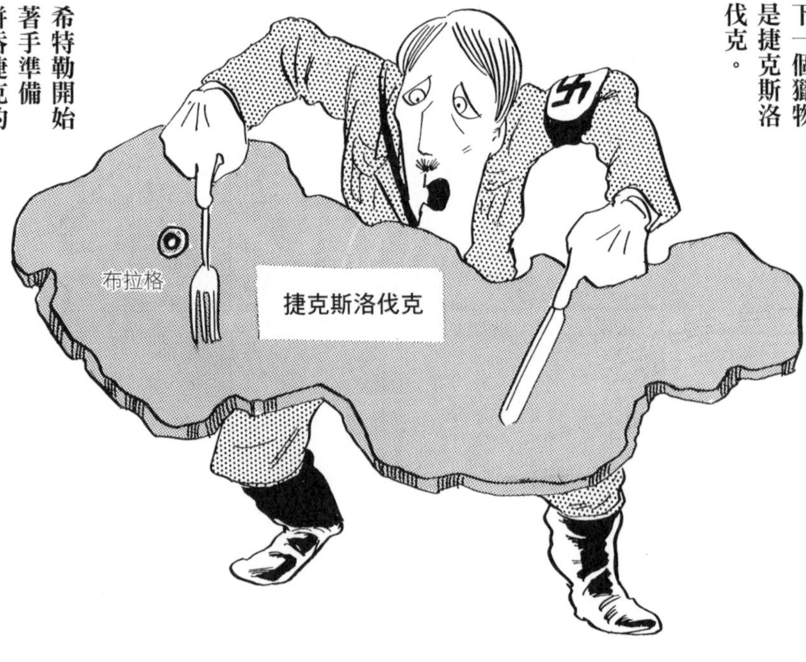
布拉格
捷克斯洛伐克

希特勒開始著手準備併吞捷克的「綠色方案」。

第12章

攝影師霍夫曼的助手伊娃·布朗來到了希特勒的貝格霍夫山莊。
幹麼帶那個來路不明的女人回來？
打點山莊大小事的希特勒之姊對此大為反對。
什麼來路不明，她擁有純粹的德意志血統。
誰管她是不是純粹的德意志人……
她只是來照顧我的生活起居而已。
既然布朗小姐要來，那我就回維也納了。
妳別這麼激動嘛。
潔莉可是被你害得自殺呢。
我才不要忍氣吞聲呢。
啊，姊姊……

因為這樣，姊姊回維也納去了。
從今天起，這座山莊就歸妳管了。
好的。
元首，捷克蘇台德德意志黨的亨萊恩來訪。
捷克※蘇台德地區的三百二十五萬名德意志人，無不希望能早日重回祖國的懷抱。
亨萊恩→
李賓特洛普外交部長↓
……
……
隨著德軍在捷克邊界集結，如今正四處流傳說我們即將獲得解放。
以現在的德軍來說，還無法突破堅固的捷克波希米亞要塞，德國的軍備仍有所不足。
凡事欲速則不達。
我們非得打上一場必勝之戰不可。
如果現在和捷克開戰，老實說我們沒有勝算，法國可不會視而無睹呢。
這麼一來就完蛋了。

※蘇台德地區（Sudetenland）……位於捷克邊境，有三百多萬德意志人居住於此。他們渴望獨立自治，一九三八年與納粹聯手發起動亂。在慕尼黑會議中英、法兩國為和平解決而同意將捷克的蘇台德地區割讓給納粹德國。

你必須不斷提出捷克政府所無法接受的條件，那個雜種國家應該很快就會放鬆警戒了吧。
在這段期間，元首將繼續強化軍備，營造出有利的國際情勢。
九月，蘇台德德意志黨在捷克發動叛變，經歷兩天的戰鬥之後以失敗告終。亨萊恩表示：「我想以自由德意志人的身分來生活。」他率領了數千名同伴亡命德國，並建立了一支蘇台德義勇軍。
不管是英國或法國，都過度誇大了我國的軍備。因此如果要為捷克而和我國開戰，他們會覺得很不划算。
而且捷克周遭的小國都想…
趁捷克解體時混水摸魚，從中佔點便宜。
這是他們友好之因吧，捷克解體一事已成功在望。
元首，英國首相張伯倫似乎想和您對談。

什麼，張伯倫？
他搭飛機，就快到這座山莊了……
張伯倫拿著雨傘抵達……
遠道而來，辛苦了。
就民族自決的理念來看，蘇台德的德意志人當然應該歸屬德國。
若無法實現這個神聖理念，德國將不惜一戰。

什麼？要開戰？
元首如果無意對話，一心只想靠武力解決的話，
那我來這裡幹什麼呢？
啊，張伯倫首相。
我真是浪費時間。
首相，請稍安勿躁。
我可不是好戰分子。
就我個人來看，要讓蘇台德德意志人與其他捷克人分割開來，原則上沒有異議。
如果你願意向我保證，這是德國最後一次提出領土的要求…
張伯倫再度來到萊茵河畔造訪希特勒。
就這麼辦吧。
希特勒決定向捷克開戰。為了打造大德意志，首先得解決掉捷克和奧地利。

張伯倫心情甚好。他向捷克政府施壓，要他們同意貝希特斯加登的提案。
希特勒先生，這樣捷克問題就迎刃而解了。
這就是英法提案對吧。
這麼一來，捷克就同意割讓了是吧？
算是吧。
很抱歉，這份提案一點也派不上用場。
你說什麼？
換言之，情勢在這兩、三天出現了變化。
至於我的要求呢，
就是得在十月一日之前將蘇台德交給德國。
而捷克也必須傾聽波蘭和匈牙利的領土要求。
這是我**最後一次**對歐洲提出**領土要求**。
真的嗎？
對於希特勒的提案，法國和英國都大為反對，捷克的貝奈斯總統更發布了動員令。此外在德國內部，國防軍也反對和捷克開戰，甚至有部分人士在密謀政變，前途十分黯淡。

希特勒在柏林發表了攻擊捷克的演說。
至今為止，我從不是膽小鬼！現在正是由我一馬當先，帶領國民往前邁進的時候！
全世界的人們最好牢牢記住，有別於戰敗時，現在的國民即將大步進軍！我們已經做好覺悟了。如何，要選擇戰爭？還是和平？
就交給捷克總統貝奈斯來決定吧。
感謝英國首相為維持和平所付出的努力，這將是我們最後的領土要求。
十月一日，希特勒已做好開戰的準備，
但不知為何，國民竟沒什麼反應。
希特勒也覺得傷腦筋。要是打了敗仗，他的地位絕對保不住。

於是張伯倫伸出了援手，他和墨索里尼聯手向希特勒提議，要進行最後的首腦會議。
太好了！
墨索里尼領袖還沒做好戰爭的準備，應該不想開戰吧。
立刻回覆，將於九月二十九日在慕尼黑舉辦英法德義首腦會議。
會議選在元首行館進行，出席者包括英國的張伯倫、法國的達拉第、希特勒和墨索里尼，當事者捷克卻未獲准出席，只能在隔壁房間等待本國命運的判決，實在太悲哀了。
英法兩國下定決心，不管付出任何代價（然而，他們並沒有任何損失），都要貫徹綏靖政策，正中希特勒下懷，因此訂下慕尼黑協定。

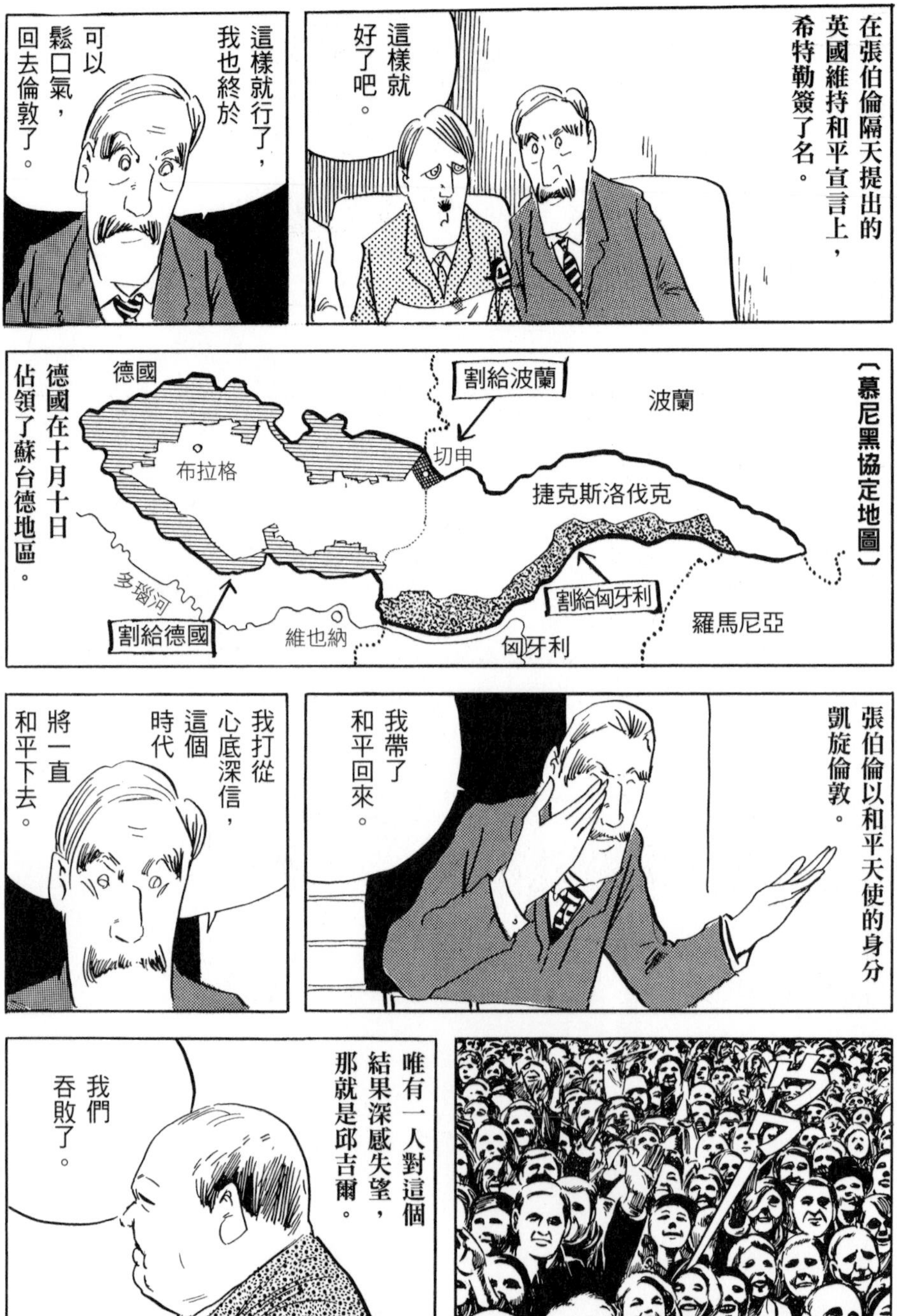
在張伯倫隔天提出的英國維持和平宣言上，希特勒簽了名。
這樣就好了吧。
這樣就行了，我也終於可以鬆口氣，回去倫敦了。
〔慕尼黑協定地圖〕
德國
割給波蘭
波蘭
切申
布拉格
捷克斯洛伐克
多瑙河
割給匈牙利
割給德國
維也納
匈牙利
羅馬尼亞
德國在十月十日佔領了蘇台德地區。
張伯倫以和平天使的身分凱旋倫敦。
我帶了和平回來。
我打從心底深信，這個時代將一直和平下去。
唯有一人對這個結果深感失望，那就是邱吉爾。
我們吞敗了。

＊哇——

而這絕不會是結束，現在才剛開始呢。
捷克人民發現自己已經被世界給捨棄了。
貝奈斯總統辭職下台，亡命英國。
捷克斯洛伐克如今僅存的地區，也不過是在希特勒施恩之下才能保住。此外斯洛伐克人和魯塞尼亞人也接連要求自治權，國內陷入一團亂。隔年一九三九年，斯洛伐克以德國保護國的身分獨立，而可憐的捷克總統哈卡來到了柏林。
元首閣下！我相信捷克的命運就握在你手中。
捷克總統哈卡
但只要捷克內部還有人站在貝奈斯那方……
為保障德國的安全，德軍將於明早六點出兵。到時候捷克還能不能保有自治權，
都得視你們會不會頑強抵抗而定！

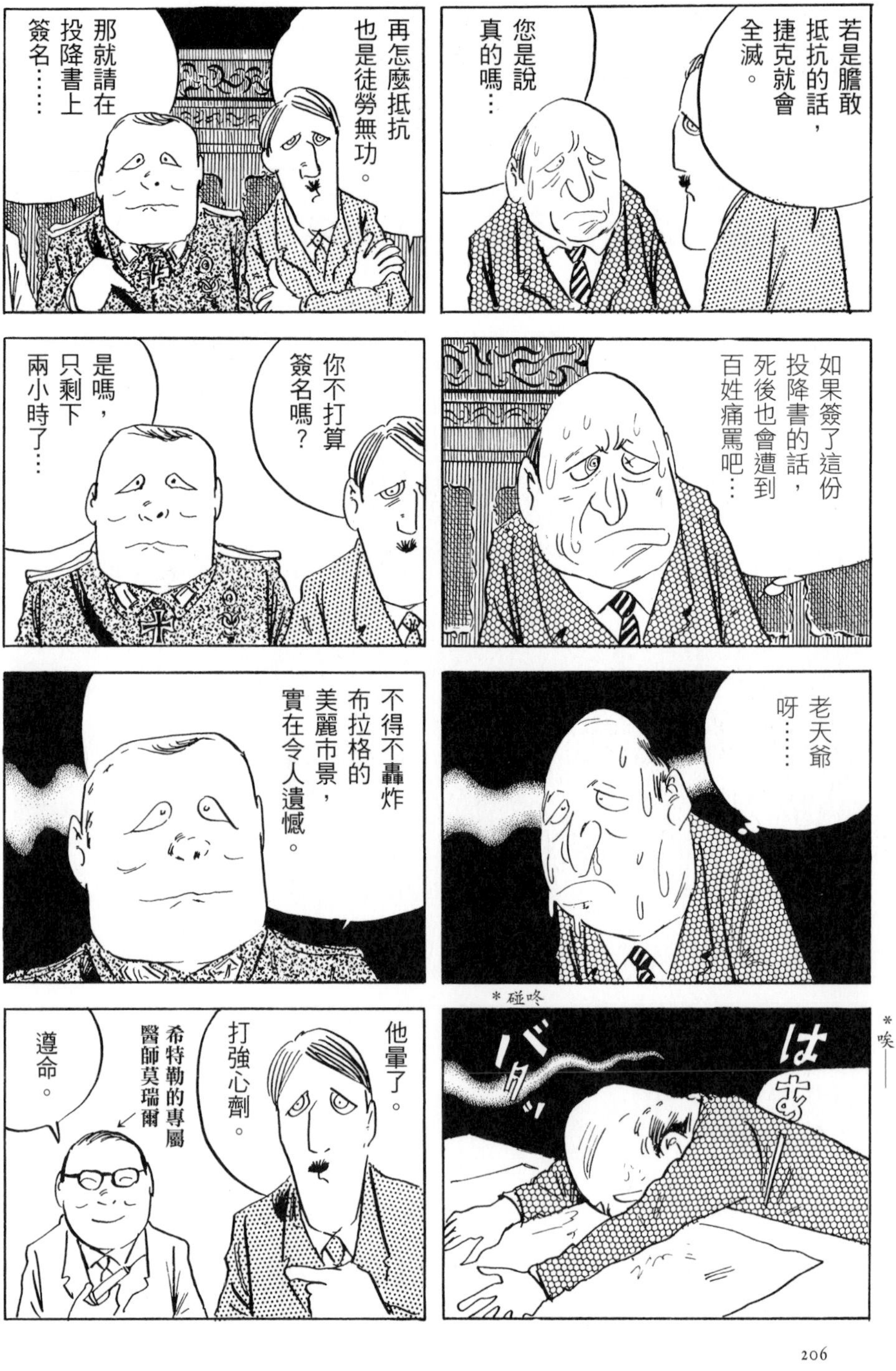
若是膽敢抵抗的話，捷克就會全滅。
您是說真的嗎……
再怎麼抵抗也是徒勞無功。
那就請在投降書上簽名……
如果簽了這份投降書的話，死後也會遭到百姓痛罵吧……
你不打算簽名嗎？
是嗎，只剩下兩小時了……
老天爺呀……
不得不轟炸布拉格的美麗市景，實在令人遺憾。
*碰咚
*唉——
他暈了。
打強心劑。
希特勒的專屬醫師莫瑞爾
遵命。

*呼——

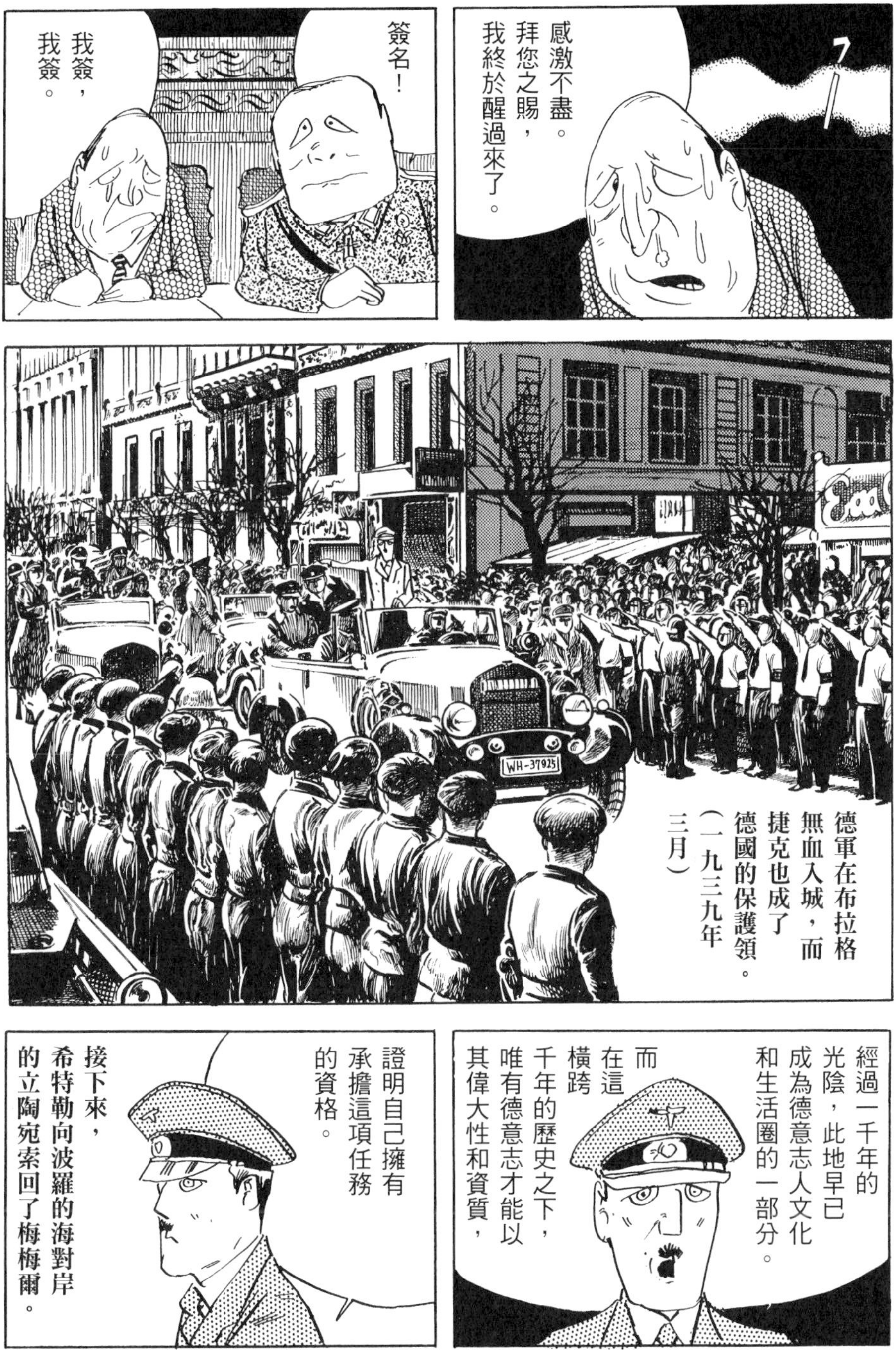
感激不盡。拜您之賜，我終於醒過來了。
簽名！
我簽，我簽。
WH-37925
德軍在布拉格無血入城，而捷克也成了德國的保護領。（一九三九年三月）
經過一千年的光陰，此地早已成為德意志人文化和生活圈的一部分。
而在這橫跨千年的歷史之下，唯有德意志才能以其偉大性和資質，
證明自己擁有承擔這項任務的資格。
接下來，希特勒向波羅的海對岸的立陶宛索回了梅梅爾。

接著輪到波蘭。
梅梅爾
立陶宛
但澤
東普魯士
波蘭走廊→
波茲南
比得哥什
華沙
布列斯特
德國領
烏茨
德國
布雷斯勞
接下來打算侵略的地區
蘇聯
捷克斯洛伐克
匈牙利
羅馬尼亞
【德蘇秘密瓜分波蘭圖】
看到希特勒併吞捷克而大吃一驚的英國，從綏靖政策改為封鎖德國。三月三十一日，張伯倫發表了波蘭保障宣言。四月，波蘭和英國簽下了軍事協定。
Adolf Hitler
希特勒在四月二十八日向波蘭提出了要求。
一、要求但澤回歸德國。
二、在※波蘭走廊建設連結東普魯士的公路。
波蘭方面表示…
若要歸還但澤的話，倒不如拼死一戰！
英法的態度強硬，讓希特勒遲遲不敢輕舉妄動。此時，東方的孤獨國度蘇聯伸出了援手。
讓我們一起互利互惠吧。
八月二十三日，締結了德蘇互不侵犯條約。
條約中還附加了一項秘密協議書，約定好要聯手瓜分波蘭。

※波蘭走廊……臨波羅的海的一塊狹長地區。原為德國領土，一戰後，於一九一九年根據凡爾賽條約割讓給波蘭，成為引發第二次世界大戰的導火線之一。現在為波蘭領土。

如此一來就能安心進軍波蘭了。
展開「白色方案」吧。
遵命。
元首，英國大使來訪。
請進。
再這樣下去，恐怕會演變成全面戰爭。
哈哈哈。
我生來就是**藝術畫家**，而非好戰分子。
只要能解決掉波蘭問題，我就打算重回自己的老本行。
希特勒說出這種話，好讓人不會察覺他的野心……
總而言之，祈禱不會引發第二次世界大戰。
希特勒下定決心開戰，九月一日拂曉，開始入侵波蘭！
Horst Wessel
DEUTSCHLAND
此刻起，我僅是德意志帝國的一名士兵罷了。
而我將再一次穿上那件神聖又懷念的制服。
直到獲得勝利之前，我不會脫掉這身制服。

＊嗡——

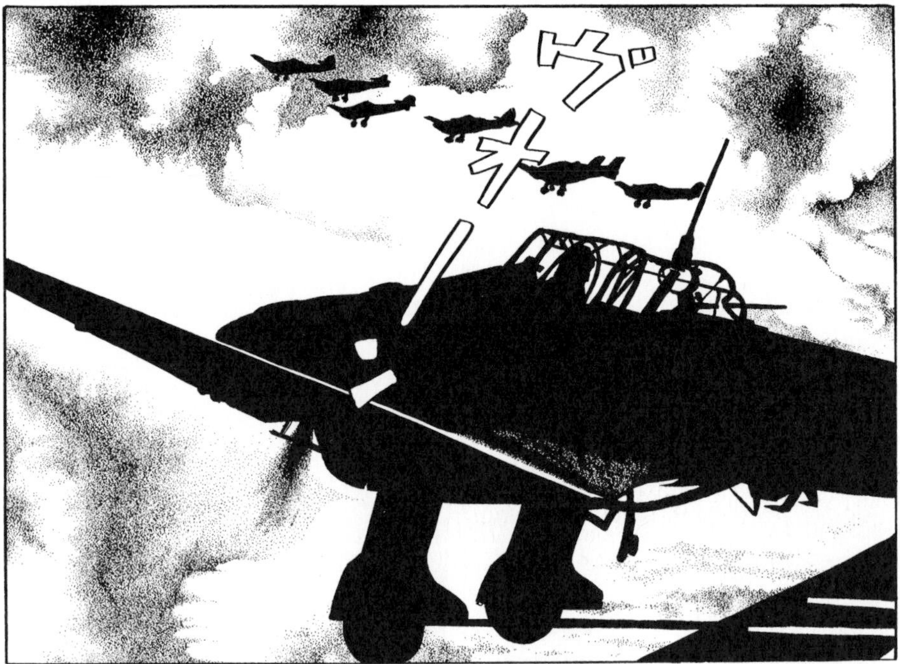

＊磅磅磅磅、轟隆——

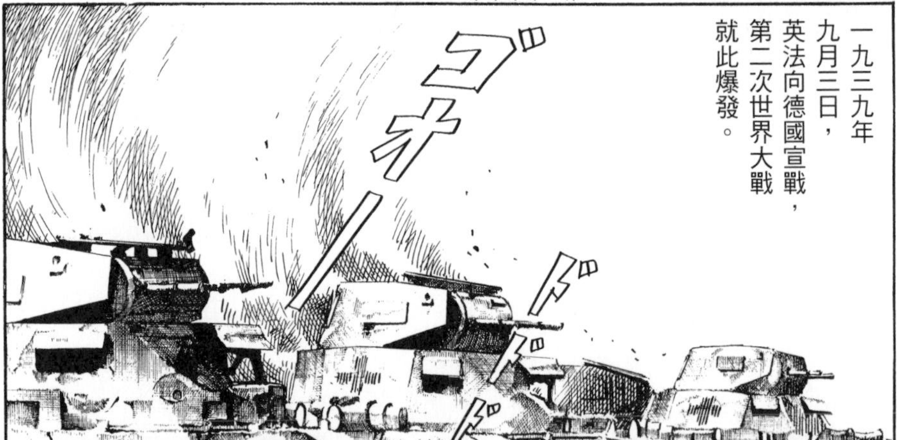
一九三九年
九月三日，
英法向德國宣戰，
第二次世界大戰
就此爆發。

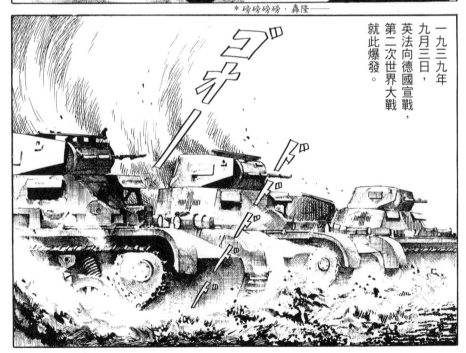

第13章

德軍以電光石火的速度打垮了波蘭，然而二百萬蘇聯軍從北方蜂擁而至，幾乎不費一槍一彈就佔去了半個波蘭，甚至開口索討波羅的海三國。為保衛本國東方的安全，希特勒接受了蘇聯的要求。
十月五日，希特勒來到華沙。
對著英法兩國表示：
我渴望和平。西部這場戰爭究竟是為何而戰呢？對於英法兩國，德國絲毫沒有開戰的理由。
張伯倫則斥責道：
我無法信任現在的德國政府。如果希特勒想要和平的話，最好先展現出足以令我們信服的證據。

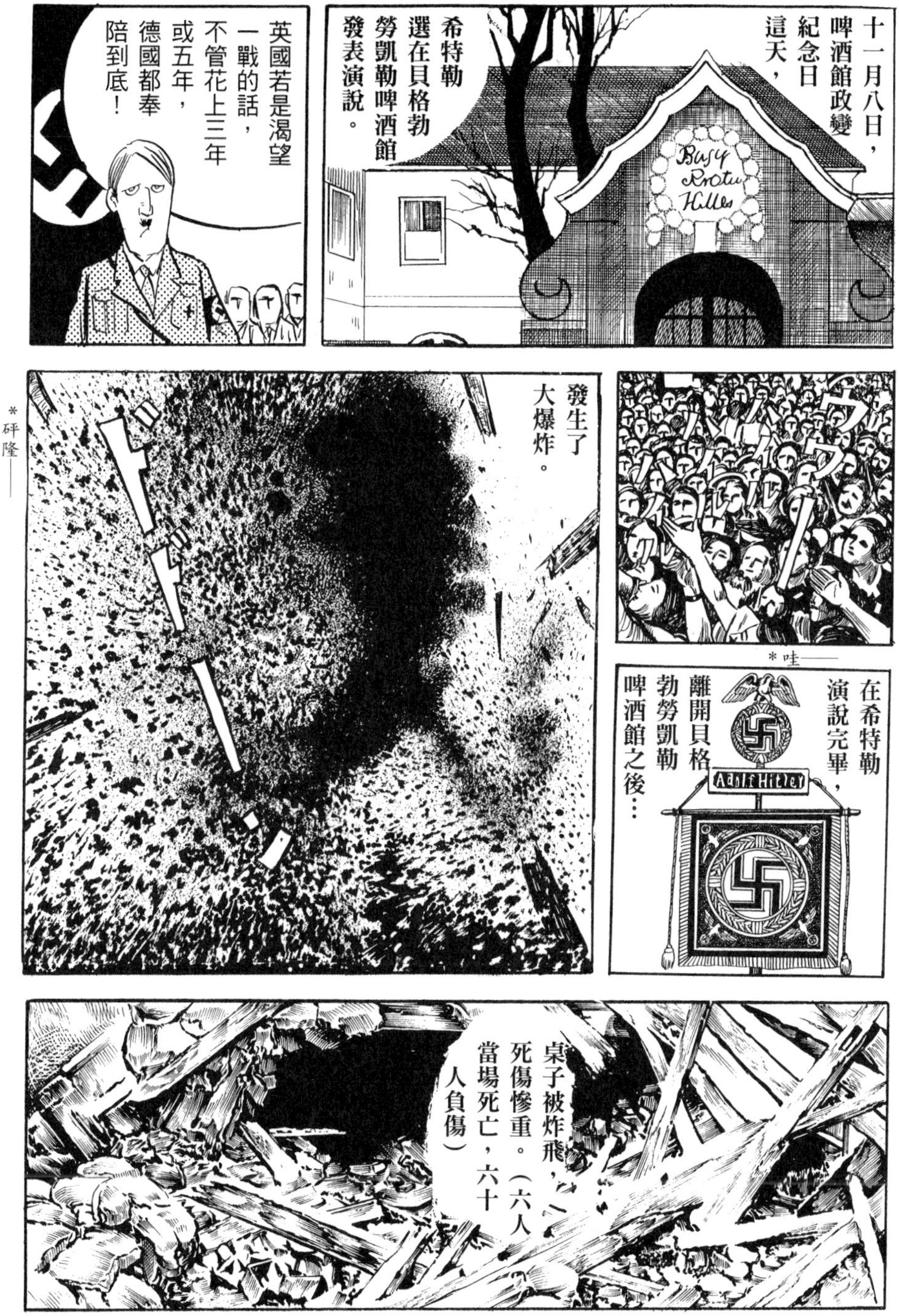
十一月八日，
啤酒館政變
紀念日
這天，
希特勒
選在貝格勒
勞凱勒啤酒館
發表演說。
英國若是渴望
一戰的話，
不管花上三年
或五年，
德國都奉
陪到底！
＊哇——
在希特勒
演說完畢，
離開貝格
勃勞凱勒
啤酒館之後…
發生了
大爆炸。
＊砰隆——
桌子被炸飛，
死傷慘重。（六人
當場死亡，六十
人負傷）

對外雖宣稱為英國的陰謀，實際上卻是蓋世太保為了提升希特勒的人氣而在他不知情的情況下安排的。
哎呀，我真是走運。
我比以往更早結束演說一事，
更證明了神是站在我這一方的！
正是如此。
但我們納粹的理想，若是要為古代日耳曼收復失土的話，應該不必與英國開戰才對……
當然沒這個必要。但如果英國執意透過海上封鎖來扯我們後腿，就不得不開戰了！
……
我們必須將焦點轉向斯堪地那維亞才行。
當時德國十分仰賴斯堪地那維亞的鐵礦。
但邱吉爾海軍大臣

早就在挪威領海設下機雷，阻止德國運輸鐵礦了。
嗯……為保護丹麥和挪威等日爾曼民族國家，立刻發動「威悉河演習行動」。
四月九日，希特勒發動「威悉河演習行動」。
同盟軍在挪威登陸，雖然持續激戰了好一陣子，但最後仍以撤退收場。希特勒宣稱：「我們拯救了斯堪地那維亞。」
我要辭去首相一職。
張伯倫下台後，改由邱吉爾接棒擔任英國首相。

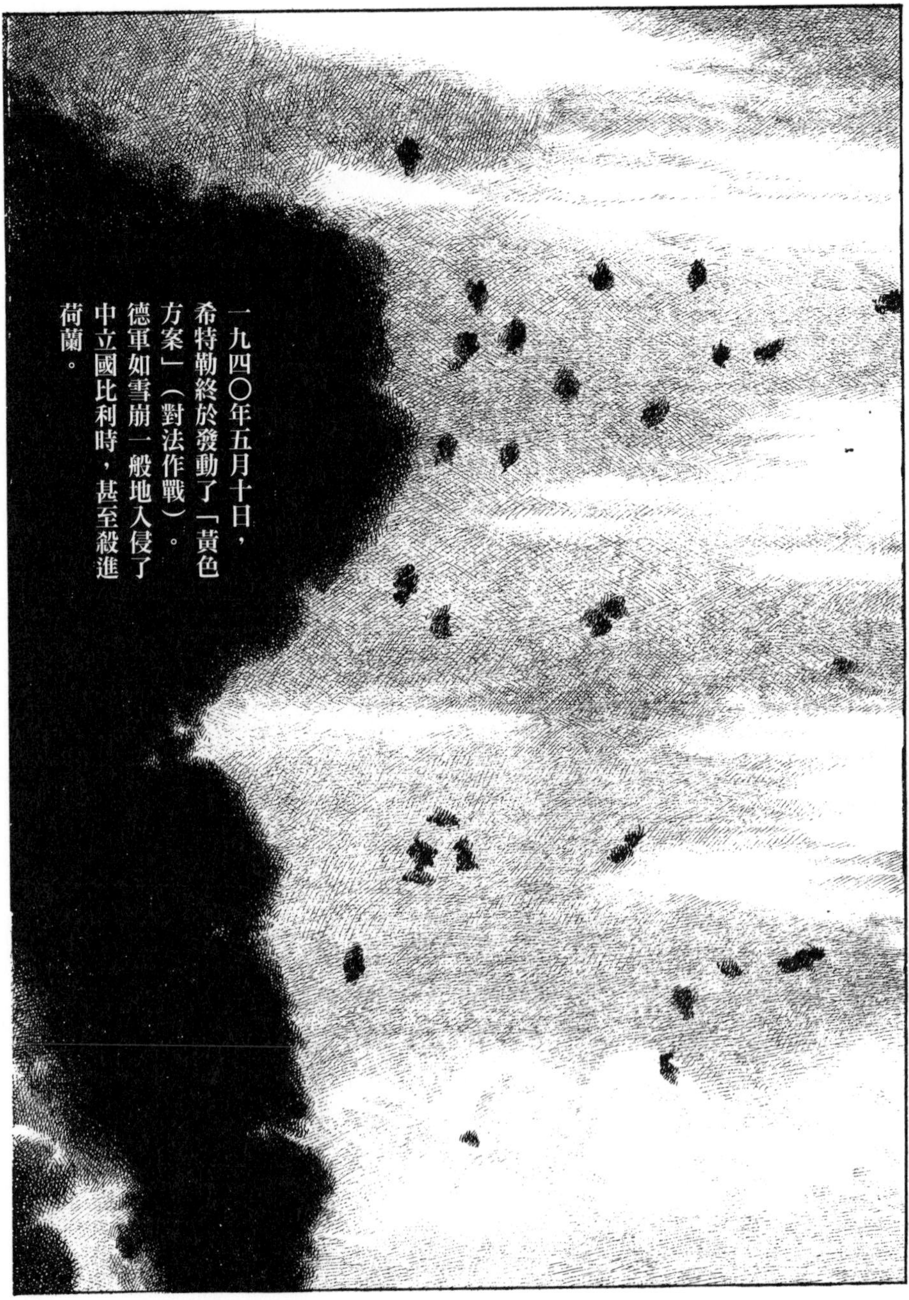
一九四〇年五月十日，希特勒終於發動了「黃色方案」（對法作戰）。德軍如雪崩一般地入侵了中立國比利時，甚至殺進荷蘭。

希特勒終於為了實現建立
大日耳曼帝國的夢想，
開始征服歐洲。
「從現在起的這場戰爭，
將決定德意志民族往後
一千年的命運！」
希特勒如此高喊道。

這無非是一場豪賭，然而這項計畫卻以盛大成功作收。五月二十六日，同盟軍在敦克爾克被趕到海中，慌慌張張地逃向了英國。

六月十日，墨索里尼參戰。法國終於捨棄了巴黎，讓德軍無血入城。

鉤十字的旗幟在艾菲爾鐵塔上飄揚。

或許希特勒真的稱得上是一名戰術天才。納粹軍隊一般由指揮官一馬當先帶頭衝鋒，而獨自殺進※馬奇諾防線的，正是師長隆美爾本人。逃到波爾多的法國政府，正式向德國投降。

※馬奇諾防線……法國於二戰爆發前建於法德邊境的現代化要塞。堡壘由混凝土建造，可防禦多類攻擊，內部更有軍事、生活建設。

六月二十一日，在德國於一戰中簽下停戰協定的康比涅森林，
這次輪到法國簽署停戰協定。為了簽署儀式，還特地從博物館運來一戰簽署協定時的老舊臥舖列車。如此一來，希特勒終於洗刷了一九一八年的恥辱。

♪德意志勝過世間萬物

世界に冠たるドイツよ♪

♪兄弟團結一致，為保護捍衛…

希特勒在軍樂隊的歡送之下，悠然自得地回國了。
共に団結し
常に攻め
守れば

希特勒對巴黎建築十分感興趣。尤其是歌劇院的內部，儘管他從未親眼看過，卻近乎如數家珍。希特勒帶著建築師史佩爾等人，花了三小時到處參觀巴黎各地的建築，尤其是他向來尊敬的拿破崙之墓……
這應該是我一生的巔峰了。
我從小就夢想著來巴黎參觀……
如今終於得償宿願，
此刻的欣喜
實在無法用言語形容……
史佩爾不禁對希特勒深感同情。
這是他第一次、也是最後一次參訪巴黎。

希特勒以凱旋將軍
的身分，在七月六日
返回柏林。市內旗幟飄揚、
花團錦簇，處處人山人海，
教會的鐘聲也傳遍了每一座城鎮。
如今希特勒就是德國，德國就是
希特勒。短短兩個月的戰爭下來，
他便以史上最強的戰略家之姿，
一舉超越了腓特烈二世。
他如此說道：
「本帝國今後
將持續一千年的
榮景。」
*哇——哇——

正當希特勒忙著作戰之際，史達林則向波羅的海三國發出了最後通牒，並一舉將其併吞。至於巴爾幹方面，他也向羅馬尼亞發出最後通牒，要求對方割讓比薩拉比亞和北布科維納。羅馬尼亞屈服於要求，遭到蘇聯併吞。
挪威
瑞典
芬蘭
從芬蘭奪得
波羅的海三國
德國
從波蘭奪得
匈牙利
從羅馬尼亞奪得
羅馬尼亞
義大利
蘇聯
土耳其
要是羅馬尼亞遭到佔領，德軍的石油和糧食都會被切斷。
若要花大錢和蘇聯購買石油和糧食，戰爭就打不下去了……
史達林實在是既狡滑又聰明。
與其對上英國，我們倒不如跟蘇聯開戰。
希特勒再度對英國提出和平協議。
我不打算強迫英國開戰。我將以勝利者的身分，再次訴諸於英國的理性和常識！

我實在不懂為何非得和各位繼續
打這場仗不可！
邱吉爾則痛斥道：
我們將抗戰到底直至希特勒滅亡為止！
我們相信自己終將奪下勝利，
勝利手勢V！
在海軍戰力不足之下，暫時還無法實施「海獅作戰」（對英作戰）。
元首，請交給我來處理吧。
光靠空軍攻打英國就綽綽有餘了。
辦得到嗎？
完全沒有問題！
ド" ド" ド" ド"
於是，倫敦大轟炸就這麼展開了。

*砰砰砰砰

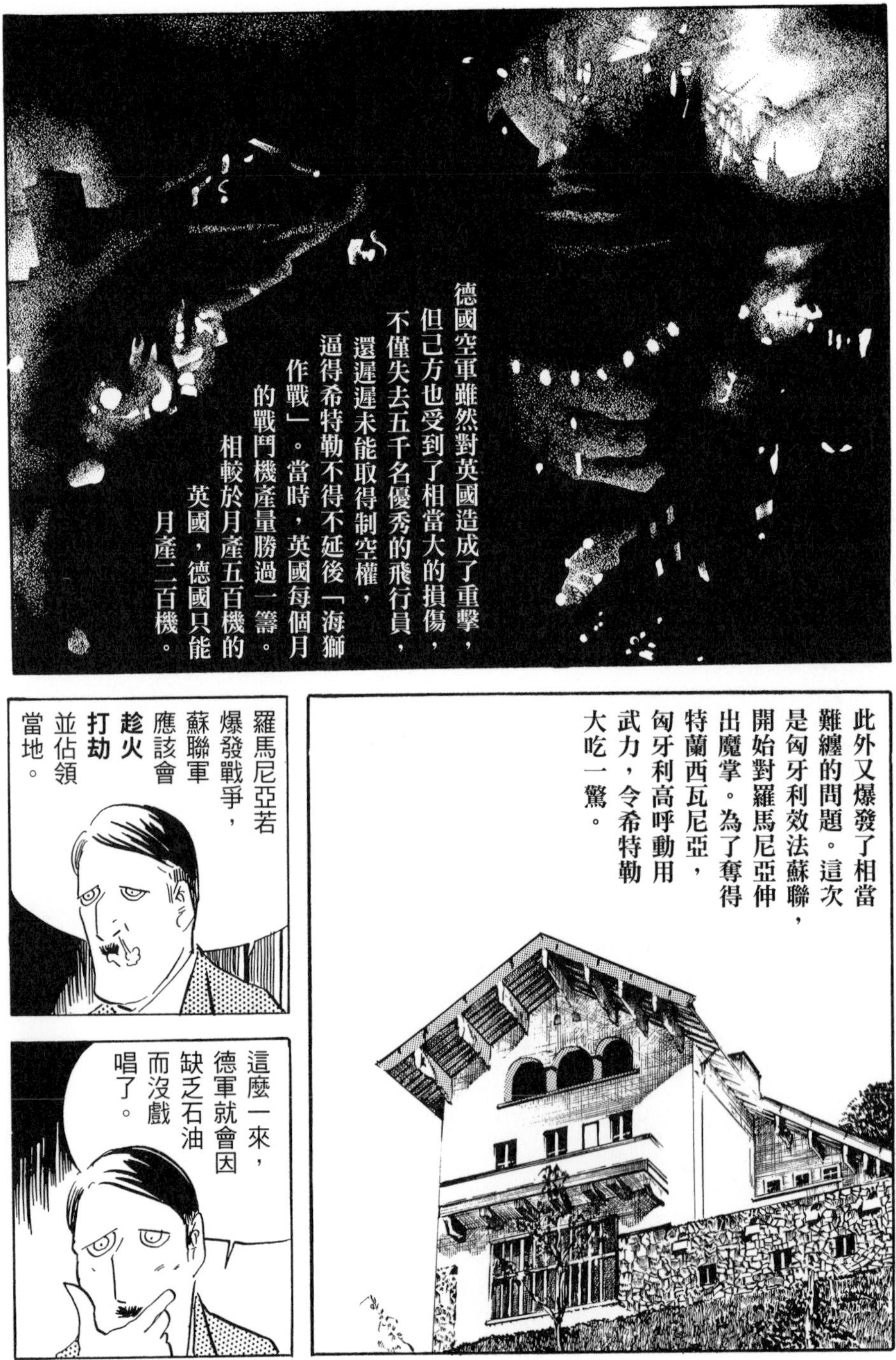
德國空軍雖然對英國造成了重擊，但己方也受到了相當大的損傷，不僅失去五千名優秀的飛行員，還遲遲未能取得制空權，逼得希特勒不得不延後「海獅作戰」。當時，英國每個月的戰鬥機產量勝過一籌。相較於月產五百機的英國，德國只能月產二百機。
此外又爆發了相當難纏的問題。這次是匈牙利效法蘇聯，開始對羅馬尼亞伸出魔掌。為了奪得特蘭西瓦尼亞，匈牙利高呼動用武力，令希特勒大吃一驚。
羅馬尼亞若爆發戰爭，蘇聯軍應該會**趁火打劫**並佔領當地。
這麼一來，德軍就會因缺乏石油而沒戲唱了。

去邀請領袖一同出面，好威脅羅馬尼亞與匈牙利握手言和。
遵命。
八月三十日，德國和義大利強迫匈牙利和羅馬尼亞派代表來到維也納，為此事尋得解方。
當羅馬尼亞代表看到地圖上特蘭西瓦尼亞有大半遭匈牙利奪走時，不禁暈倒在地。
＊啊——
一九四〇年的羅馬尼亞割讓圖
蘇聯
匈牙利
蘇聯奪取地
割給匈牙利
羅馬尼亞
割給保加利亞
南斯拉夫
相對的，德國和義大利則會保障你們**剩下的**領土。
是。
元首，羅斯福做出保證，美國將盡可能提供武器給英國。
要是美國出面，事情就不妙了。
何不強化我們與日本之間的協定呢？
日本人可是很強的呢。
因為他們是吃**豆腐**的素食者。
就叫日本去**牽制**美國吧。
另一方面，當日本看到德國征服全歐洲之後⋯⋯
我們可不能晚他人一步。

若是英美打贏德國的話，下個就輪到日本了。不是因為德國可能會贏，我才跟他們結為同盟，要是他們輸掉我們就頭痛了。
東有我大和民族！西有日爾曼民族！唯有這兩個民族能如男子頂天立地！
松岡外務大臣如是表示。
於是，在一九四〇年九月二十七日，來栖大使（日）、李賓特洛普外交部長（德）、齊亞諾外交部長（義）簽署了「德義日三國同盟」。
此時在日本……
西方有歐洲新秩序！東方有大東亞共榮圈！全世界都掌握在日耳曼民族與大和民族的手中！乾杯！

第14章

蘇聯表示在簽署「德義日三國同盟」之前，自己有權先閱覽盟約內容。

有什麼秘密的話，就一起攤開來給我們看看吧。

德國正在暗中援助芬蘭。
蘇聯抗議道。
讓兩國間的疑慮更深了。

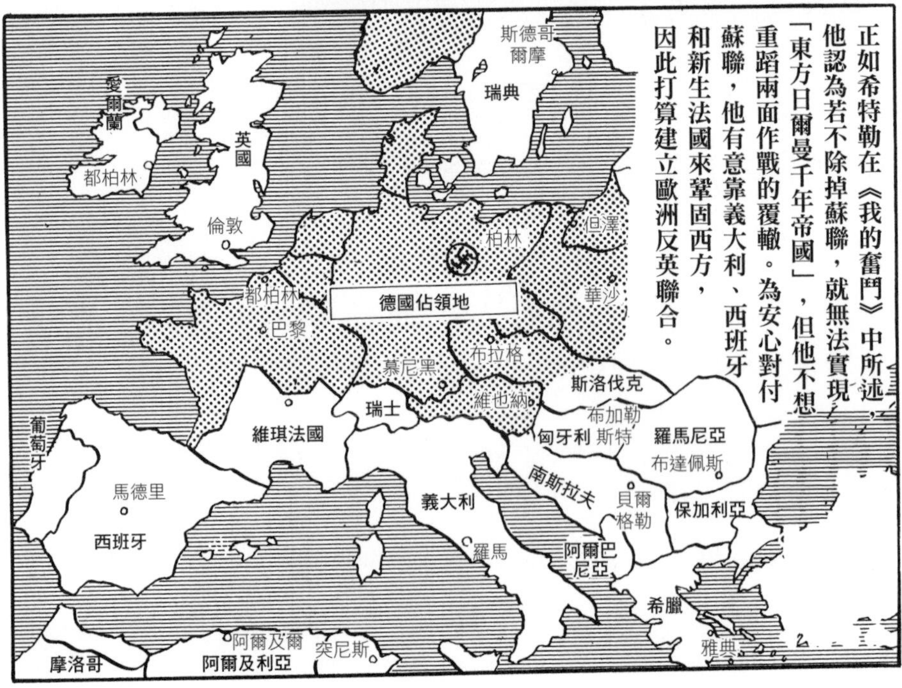
正如希特勒在《我的奮鬥》中所述，他認為若不除掉蘇聯，就無法實現「東方日爾曼千年帝國」，但他不想重蹈兩面作戰的覆轍。為安心對付蘇聯，他有意靠義大利、西班牙和新生法國來鞏固西方，因此打算建立歐洲反英聯合。
斯德哥爾摩
瑞典
愛爾蘭
英國
都柏林
倫敦
柏林
但澤
都柏林
德國佔領地
華沙
巴黎
慕尼黑
布拉格
斯洛伐克
維也納
瑞士
布加勒斯特
匈牙利
羅馬尼亞
布達佩斯
維琪法國
葡萄牙
馬德里
南斯拉夫
貝爾格勒
保加利亞
義大利
西班牙
羅馬
阿爾巴尼亞
希臘
雅典
阿爾及爾
突尼斯
摩洛哥
阿爾及利亞

一九四〇年十月二十三日，希特勒和西班牙元首佛朗哥在位於法西邊界的昂達伊會面。
英國滅亡只是遲早的問題了。
西班牙應該站到德國這一方，並且簽下佔領直布羅陀的條約。
佛朗哥以宛如鳥叫的聲音說道：
元首，西班牙目前的狀態還無法與他國交戰。
最艱難的部分就交給德軍吧。
西班牙向來無欲無求，並沒有打算消滅英國，分得一杯羹。
當法國即將敗北時，立刻宣布參戰、並要求法屬北非的人，
不知道又是誰呢？
此一時、彼一時也，元首。
這會談再繼續下去也只是白費時間！
要不要欣賞一下鬥牛呢，元首？
……
……

隔天，他又和法國的貝當元帥會談，但對方看來也對投入對英戰爭顯得興致缺缺，令希特勒垂頭喪氣。最終還是只能靠德國自己獨力解決。就在此時，向來對希特勒嫉妒不已的墨索里尼則是……
希特勒老是搶先我一步，總是在利用我罷了！
這次就換我來以彼之道還施彼身，好好嚇他一跳。等他看了報紙，才會得知我佔領希臘的消息。
墨索里尼將奇襲希臘的日期訂於十月二十八日，並向希特勒透露自己打的如意算盤。大吃一驚的希特勒要求和墨索里尼會面。
元首，我們一同進軍吧。
本日拂曉，我國引以為傲的義大利軍已經穿越希臘和阿爾巴尼亞的國界。

希特勒早已暗中下令準備對蘇開戰（巴巴羅薩作戰），因此嚇了一大跳。
領袖，沒事嗎？
我們要向全世界展示法西斯義大利的強大！
哈哈哈哈
領袖顯得龍心大悅。
然而不到一週，領袖引以為傲的軍隊就陷入了潰散狀態。進入十一月，更遭到阿爾巴尼亞擊退，淪為全世界的笑柄。十一月十二日，蘇聯莫洛托夫外交部長造訪德國。
英國已經落敗，只是遲早的問題。
比起這個，倒不如先回答我接下來的問題！
德國究竟在芬蘭暗中盤算些什麼？
在所謂的新秩序之中，蘇聯又會擔任什麼樣的角色？
此外還有三國同盟和巴爾幹的問題。
蘇聯對芬蘭又有何打算呢？

這個嘛，就跟羅馬尼亞和比薩拉比亞差不多。
那不就是要直接併吞他們嗎？
這麼做的話，後果可不堪設想呢。
那麼，你幹的那些好事難道就不用承擔後果嗎？
什麼？
好了好了，德國和蘇聯沒必要為了芬蘭問題而吵架。
單純是誤會。
對了，莫洛托夫先生。等到大英帝國滅亡之後，蘇聯對領土分配一事有何看法呢？
我打算把印度、伊朗分給蘇聯。
元首，我們還是把焦點拉回歐洲的問題上吧。
好比保加利亞或羅馬尼亞等等……
老實說，蘇聯政府認為德國之所以會保障羅馬尼亞，都是為了要對抗蘇聯的利益。
希望您能撤回這份保障！
我拒絕。
如果蘇聯也對保加利亞如法炮製的話，您打算怎麼做呢？
ドン

＊砰

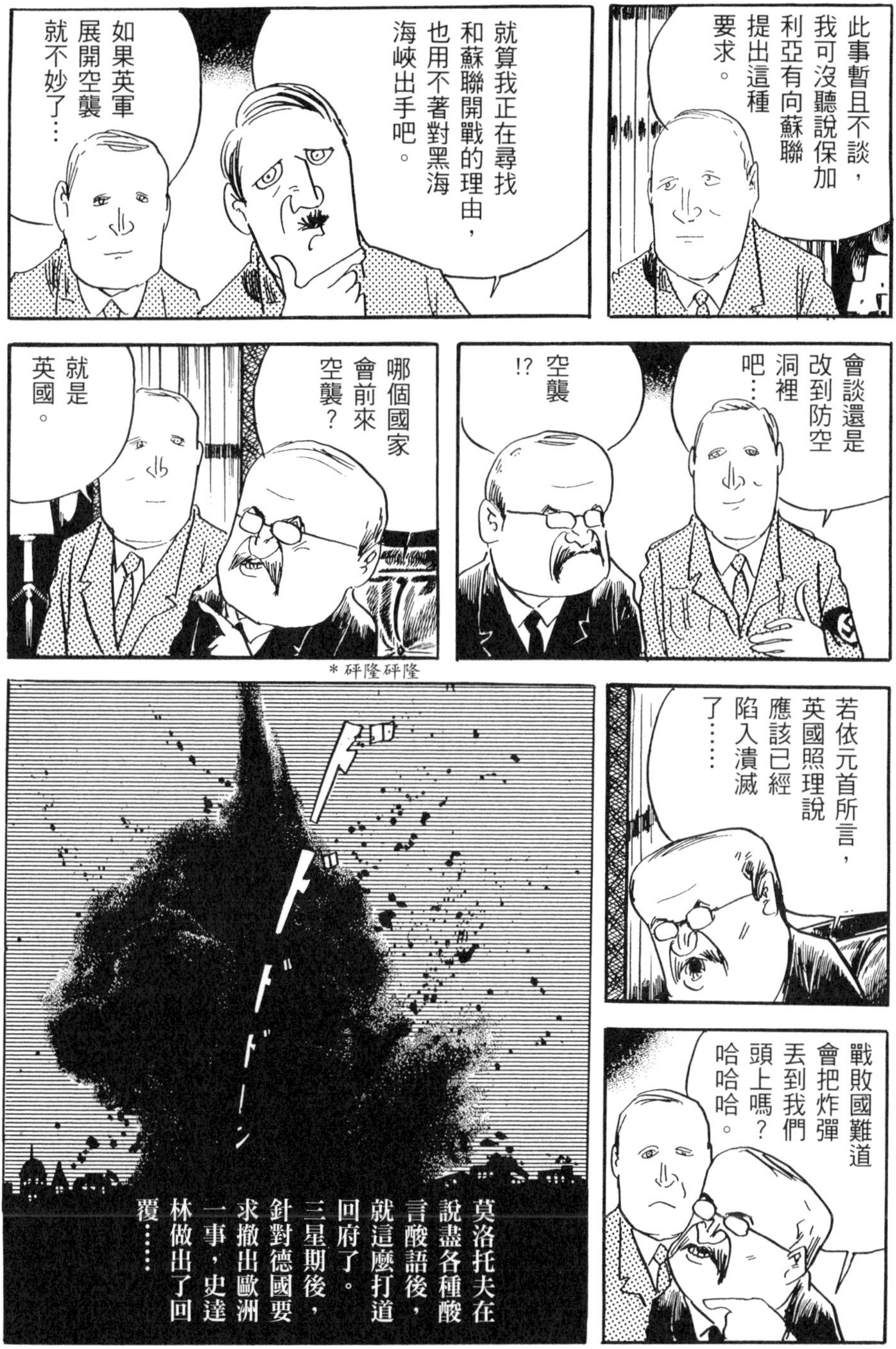
此事暫且不談，我可沒聽說保加利亞有向蘇聯提出這種要求。
就算我正在尋找和蘇聯開戰的理由，也用不著對黑海海峽出手吧。
如果英軍展開空襲就不妙了……
會談還是改到防空洞裡吧……
空襲!?
哪個國家會前來空襲？
就是英國。
＊砰隆砰隆
若依元首所言，英國照理說應該已經陷入潰滅了……
戰敗國難道會把炸彈丟到我們頭上嗎？哈哈哈。
ドドドーン
莫洛托夫在說盡各種酸言酸語後，就這麼打道回府了。三星期後，針對德國要求撤出歐洲一事，史達林做出了回覆……

蘇聯說：「若願意交出芬蘭、保加利亞、阿拉伯、伊朗的油田，就答應要求。」
哼，真是個狡詐的傢伙。
他們提出的要求會越來越多。
再不盡快令他們屈服的話，可就沒完沒了了。
我們不知道蘇聯何時會對羅馬尼亞的油田下手！
說不定，
蘇聯和英國早就私下聯手了。
無論如何，在發動巴巴羅薩作戰前，對於領袖的失策，
我們都必須先做個了斷才行。
領袖也在埃及被英國狠狠教訓了一頓。

一九四一年一月，領袖垂頭喪氣地來到了貝希特斯加登的別墅。
我與領袖可是一心同體呢。
……
請打起精神吧
……
先把保加利亞和南斯拉夫拉進三國同盟，
接著，我打算立刻發動巴爾幹戰爭。
法西斯義大利積弱不振，老是受您照顧……
元首！
南斯拉夫發生政變，親德政權已遭到推翻了！
雖然他們在兩、三天前加入了三國同盟，
但民眾似乎正在對德國大使的座車大吐口水！
什麼，居然敢吐口水!?立刻粉碎南斯拉夫！

*嗡——

グオーン
在此意外事件之下，「巴巴羅薩作戰」被迫往延後四個星期。正因如此，到了對蘇戰爭的關鍵時期，德軍不得不面臨寒冬的考驗……
南斯拉夫是在十二天後，希臘則是在四天後宣告投降。
另外，在非洲戰場為了出兵援助義大利，出動了隆美爾的非洲軍團。
此時，日本的松岡外務大臣來到柏林。

＊萬歲——松岡萬歲！萬歲——松岡萬歲！

在「松岡萬歲」的旋風之下，松岡笑逐顏開。
ハイルハイル松岡
ハイルハイル松岡
英國已經輸掉這場戰爭了。
日本應該趁此機會進軍太平洋。
不會有比這更好的機會了。
您說的沒錯，但日本並非由我一人所掌控。
原來如此。不過待日美開戰之時，德國勢必一同參戰。
真是感激不盡。
李賓特洛普先生，我在回程途中
打算簽下日蘇互不侵犯條約，你覺得怎麼樣？

跟蘇聯!?
這種事是不可能談成的。
要是談成的話呢？
不可能。
德國始終對「巴巴羅薩作戰」一事保密到家。
被蒙在鼓底的松岡外務大臣跑去莫斯科，和史達林簽下了中立條約，這才返回日本。
此時，希特勒的身邊⋯⋯
大事不妙，赫斯副元首搭乘梅塞施密特戰鬥機飛往蘇格蘭了！
哎呀！
相傳希特勒發出了鳥叫般的驚呼。
他該不會是發瘋了吧？
據傳是赫斯專屬的占星師表示他身上揹負著和平的使命，因此他是認真的。

而且他的老師豪斯霍弗爾教授也說他夢到類似的夢。
他似乎是真心地在鑽牛角尖。
無論如何，這消息簡直和貝格霍夫遭到炸彈攻擊無異。要是他回國，非判處死刑不可！
一九四一年六月二十二日，希特勒終於孤注一擲地發動了「巴巴羅薩作戰」。在作戰的三十分鐘前，他寫信向領袖告知此事，領袖隨即向蘇聯宣戰，而松岡外務大臣則在東京大吃了一驚。
希特勒的裝甲師團衝進了俄羅斯平原，再加上芬蘭軍和羅馬尼亞軍，組成了三百二十萬人的龐大兵力。史達林原以為德蘇戰爭會在秋天登場，被反將了一軍，陷入全面潰敗的狀態。開戰一個月後，德軍已經在蘇聯領土上推進了五百公里。
ゴーオー
*轟隆——

全世界應該都屏氣凝神地關注著這場大作戰吧…
與蘇聯軍的這場仗，頂多兩、三個月，
就能做個了結了吧。
我們只要衝破這扇大門就好，
如此一來，腐爛的史達林政權就會全面瓦解。

若要殲滅蘇聯軍，我認為對莫斯科集中攻擊，
才是上上策。
像這樣繼續分散兵力下去，實在很危險。
列寧格勒、工業地帶和烏克蘭全都很重要。
像你們這樣墨守成規的人，是打不了勝仗的！
希特勒有意透過這場戰爭，一舉獲得德國的勝利，同時打造出歐洲新秩序，再藉此機會讓自己的名聲永傳後世。當然，他也計畫建造出比金字塔還高的巨大建築物。
德軍在七月十六日佔領了斯摩倫斯克，九月二十三日佔領基輔，在北部進攻至列寧格勒。十月二日，希特勒同意進攻莫斯科。十月初，德軍宛如颱風般地攻到了莫斯科。希特勒在「冬季援助」的活動上發表了演說。

「東方的敵人已經被擊垮了，估計再也無法東山再起。我軍後方的領土早已是一九三三年德意志帝國的兩倍大了！」
急性子的宣傳部長自豪地宣言道：「蘇聯已經瓦解，而英國兩面作戰的美夢也破滅了。」所有德國人都深信天堂已在不遠處。

如此一來，我所打造的帝國應該能永存千年了吧……

♫德意志勝過世間萬物～兄弟團結一致，為保護捍衛…

第15章

一九四一年，墨索里尼被帶到了位於普魯士、名為狼穴的元首大本營。希特勒的晚年都是在此地度過，而這座森林的獨特景致，也總是讓造訪者感受到一股憂鬱的氛圍。
德軍現在的進軍速度為什麼停下來了？
我們只是在作戰上出現意見紛歧，所以才慢了一步。
無論如何，蘇聯瓦解已是遲早的問題。
……
話說邱吉爾和羅斯福共同發表了《大西洋憲章》呢，我們以「歐洲新秩序」這個口號加以對抗吧。

佔下全新的歐洲大家庭（歐洲九國）這個主人翁的右方，才是上上之策呢。
那就立刻發表兩國共同聲明吧。
就算全人類都餓死了，我們兩國的人民應該都還安然無恙吧。
義大利可以在東部戰線再多出點兵力。
此時，在不斷惡化的天候之下，德軍雖然仍一路朝莫斯科進軍，但司令官們開始對繼續攻擊一事深感疑慮。十二月六日，蘇聯軍以上百個新銳師團發動反擊，令德軍陷入數天的大混亂，足足後退了二百公里。再這樣下去的話，恐怕將會全面潰散。
隔天十二月七日（日本時間十二月八日），日軍對美國珍珠港發動攻擊。
*嗡——

＊砰砰砰砰

什麼？日本攻擊了珍珠港!?
希特勒大吃一驚。
松岡外務大臣造訪柏林時，我明明建議他去攻擊新加坡（英領）……
沒想到居然要與美國為敵……
按照三國同盟的規定，只有在日本遭受他國攻擊時才需要出兵。
向美國宣戰只不過是平白增加敵人的數量。
我並不希望與美國交戰。
但如果德國不宣戰的話，三國同盟將會變成一張廢紙。
對向來好大喜功的希特勒來說，一想到這場大戰會把全世界都捲了進來，他的想像力不禁受到極大的刺激，深覺自己正是掌握歷史和命運的舵手。這種想法讓希特勒鮮明地感受到活著的滋味，如毒品一般。
他在十二月十一日發表了演說。

德國、義大利將對美國宣戰。如此一來不僅是德國，甚至是歐洲、乃至於全世界，都將陷入這場鬥爭。在這歷史性的一刻，上天竟將領袖之位託付於我，我對此實在感激涕零。這個史上前所未見的修正歷史之重擔…
將透過造物主的雙手，託付到我身上。

此外，德國、義大利和日本將締結新協定，此後不得單獨簽訂和平條約。

わ
わ
わ

*哇——

ドカーン
發表完演說之後，希特勒便回到了「狼穴」。

*轟隆——

作為此次戰敗的指揮者，布勞希奇元帥將遭到撤換，由我親自擔任總司令。不管有任何理由，都不允許再繼續撤退。
一旦開始撤退，情勢就會一發不可收拾，最後淪為一場敗仗。拿破崙在撤退時也是如此⋯
戈培爾進見。元首，好久不見了，您好像蒼老不少。
暈眩發作了好幾次⋯
我再也不想看到雪了。
我們此刻正是要克服某人在一百三十年前慘遭滑鐵盧的命運呢。
戈培爾小弟，我可是比拿破崙更勝出一籌。
因為我擁有神的保佑。

事實上，國民此刻十分消沉，正需要元首的演說來好好充電一番。
NSDAP
DEUTSCH
於是，希特勒足足為德國百姓充電（演說）了三次。
ド
ド
ド
ド
一九四二年五月，在春天來訪的同時，
為了要將蘇聯拖入持久戰，德軍展開了一場大攻勢。
＊砰砰砰砰
無論如何都要先確保油田，
佔領高加索吧！
元首！隆美爾的非洲軍團反倒是佔領了托布魯克！
是嗎。

我果然沒有看錯人，立刻將隆美爾升為元帥……
遵命。
蘇聯為了籌劃大規模的反攻作戰，似乎正在擴大戰力。
史達林格勒北方地區似乎匯集了一百萬至一百五十萬的兵力。
說什麼傻話，蘇聯已經沒有這種國力了……這是不可能的。
此外，蘇聯每個月的坦克產量似乎已經達到了一千二百台之多。
豈有此理！不准再念報告書了！
此時的史達林則是……
無論付出多大犧牲，都必須死守史達林格勒！絕不能後退半步！
尼基塔・赫魯雪夫負責史達林格勒的第一線指揮。
將最新最強的虎式戰車都派到史達林格勒！

元首，如果將主力全都投入史達林格勒戰線的話，後果將不堪設想。
別說傻話了，哈爾德。蘇聯已經滅亡在即，
無法再從南北調動新的兵力了。
但……
你被開除了！
哈爾德參謀總長遭到解職……
由蔡茨勒接任參謀總長。
遵命。
一九四二年九月底，包路斯將軍的第六軍衝進了史達林格勒。
ドドドド

＊砰砰砰砰

自此之後，上演了約三個月的激烈城市巷戰。

此時，希特勒為了啤酒館政變慶祝會而回到德國，在山莊內眺望阿爾卑斯山⋯

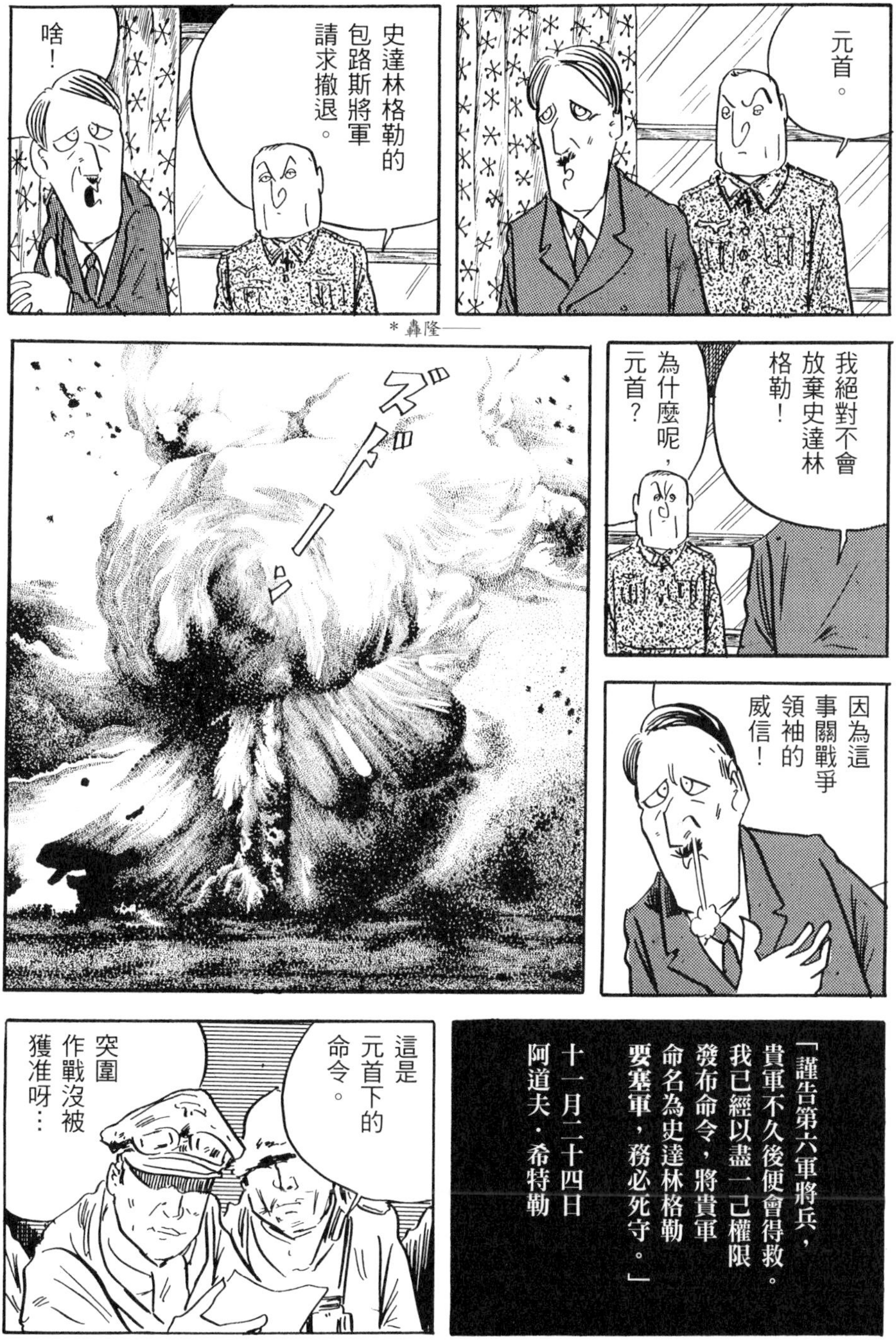
元首。
史達林格勒的包路斯將軍請求撤退。
啥！
＊轟隆——
我絕對不會放棄史達林格勒！
為什麼呢，元首？
因為這事關戰爭領袖的威信！
ズドーン
「謹告第六軍將兵，貴軍不久後便會得救。我已經以盡一己權限發布命令，將貴軍命名為史達林格勒要塞軍，務必死守。」
十一月二十四日
阿道夫．希特勒
這是元首下的命令。
突圍作戰沒被獲准呀⋯⋯

希特勒將希望寄託在
新作戰「冬季風暴」上，
於十二月十二日展開行動。
希特勒以
最強坦克
作為主力，
發動史達林
格勒救援作戰。
然而，
蘇聯出動了
引以為傲的
IS-3重型
戰車大軍擋住
去路，讓德軍停
在六十五公里之處。
包路斯無力地
向援軍
表示：
各位，
我在包圍之下
動彈不得。
燃料已經
用盡了。
一月八日，
他表示要向蘇聯軍
投降，希特勒卻說⋯⋯

「禁止投降。直到戰至最後一兵一卒、一槍一彈為止，第六軍都必須堅守崗位，在英勇過人的耐心之下，確保防衛戰線和救助西方世界而奉獻一己之力。」
阿道夫．希特勒
但我軍應該不到二十四小時就會瓦解吧。
希特勒自「狼穴」下令：「將包路斯晉升為元帥，並且將鐵十字勳章頒發給所有將兵。」
他也對正巧抵達的義大利大使說：
史達林格勒的將兵會對全世界展示出
「國家社會主義德國」的真正精神，以及對元首的忠心。

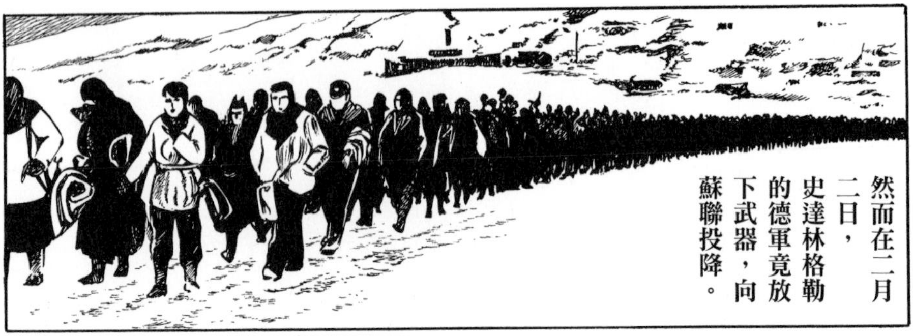
然而在二月二日，史達林格勒的德軍竟放下武器，向蘇聯投降。

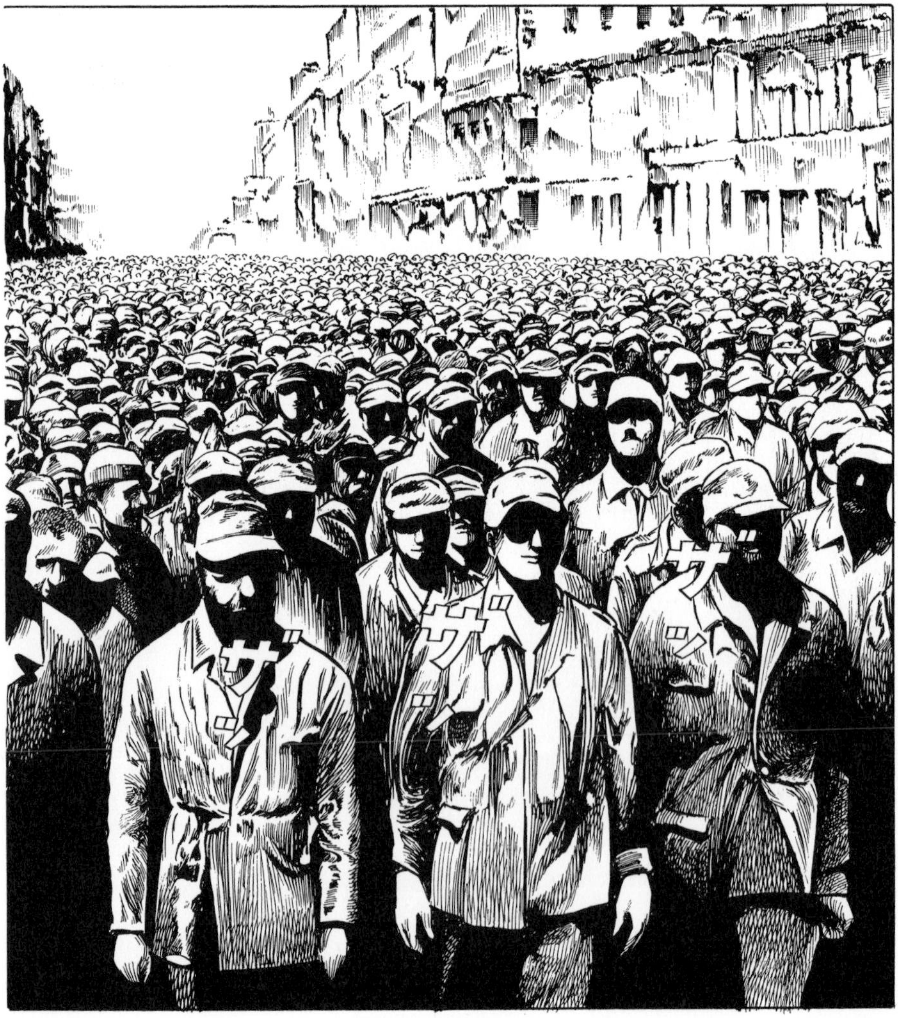
ザッ
ザッ
ザッ

* 噠噠噠

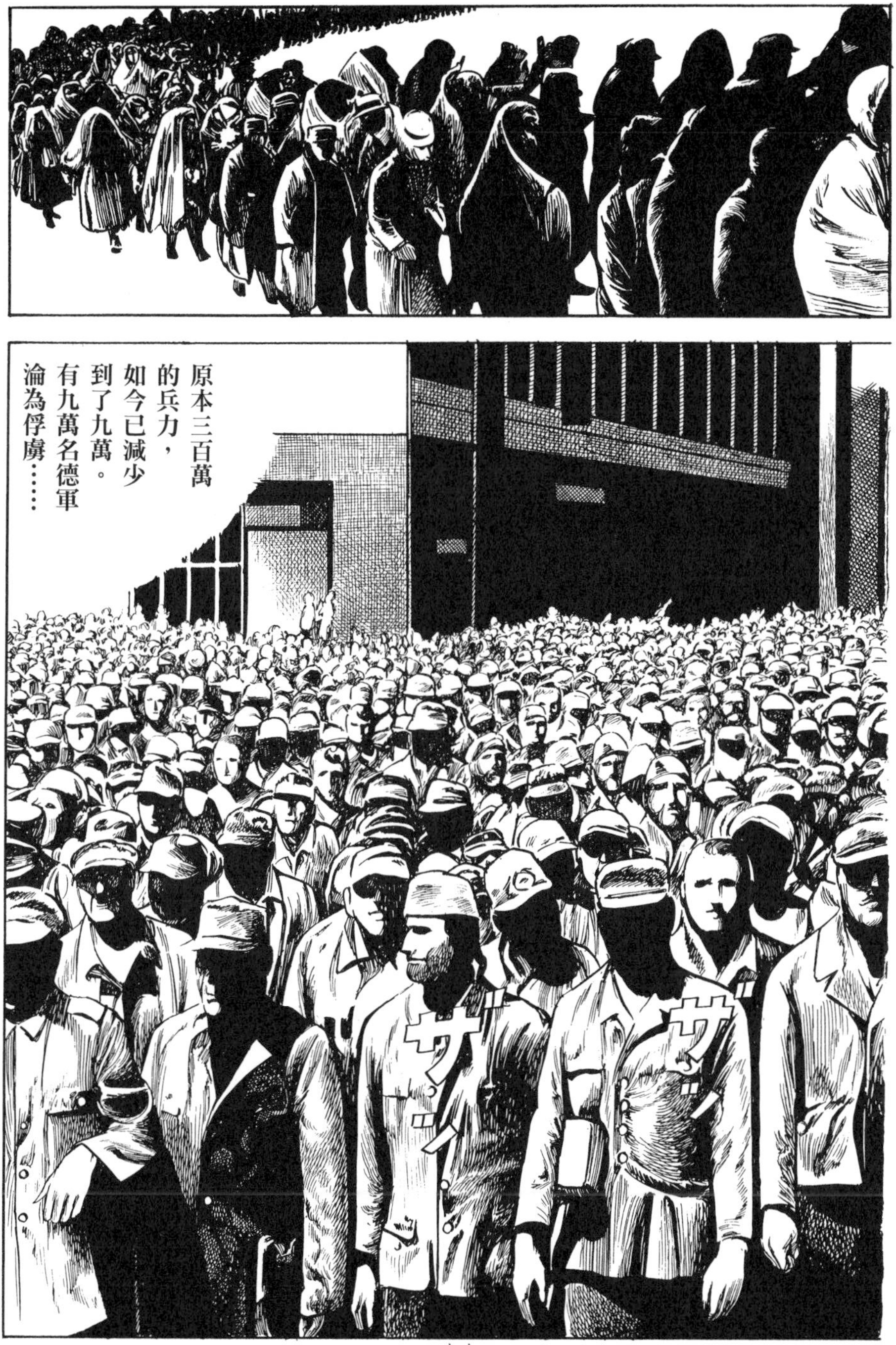
原本三百萬的兵力，如今已減少到了九萬。有九萬名德軍淪為俘虜……
ザ
ザ

＊噠噠

德軍的不敗神話也至此破滅。希特勒在「狼穴」中說道：
各位，包路斯不久之後就會被帶到莫斯科，不僅認罪招供，甚至還會發表聲明吧。
每個人遲早都難逃一死，
然而德意志國家是超越一己之生命的存在。
因此我才為那群蠢蛋頒發了最高勳章和晉升一級的光榮恩典，但他們卻不肯慷慨就義！為何要害怕死亡呢！
我實在無法理解！
希特勒在自己人眼中，如今已化為死神。

第16章

史達林格勒的敗北
所帶來的直接傷害，
比想像中來得小…

東部戰線
仍然持續著
激烈的戰鬥。

同盟軍在擊退非洲的德軍後，一九四三年七月十日在長靴尖端的西西里登陸。
墨索里尼因健康不佳而膽怯了起來。
希特勒為了再次激勵墨索里尼，來到了義大利北部的費爾特雷。
元首，我們應該與蘇聯談和。
領袖，為何要說喪氣話呢？
就讓我們兩人聯手打造出史上前所未見的偉大時代吧。
如果有人問我們，下個世代會不會繼承這份偉大志業的話，
就要回答兩者不能相提並論…你怎麼了？
我胃好痛。
誰也不知道未來的世代究竟是好是壞。

德國復興足足花了三十年，羅馬再也不見昔日的繁榮。
這是歷史給我們的教訓。
……
……
沒有人比我更瞭解你的痛苦了。
希特勒口沫橫飛地說服墨索里尼振作。
但他回國後，卻在大法西斯議會上遭到嚴厲的譴責聲浪。
你覺得國民現在還會為你奉獻到底嗎？自從你在帽子安上金色元帥緞飾的那天起，義大利就滅亡了。
十萬名戰死者的母親都在高喊：「墨索里尼害死了我的兒子。」
如今在義大利，我比任何人都惹人厭，
也比任何人都受到憎恨
……
領袖已經變得非常軟弱。
我提議恢復民主的君主立憲制。

這個提案以十九對七的票數通過，墨索里尼黯然下台，由巴多格里奧元帥建立反法西斯政府。希特勒在「狼穴」得知此事。
巴多格里奧元帥似乎打算繼續作戰。
他們是不得不這麼說，遲早都會背叛我們。
總之，既然都已經演變成這個局面，必須準備好一口氣佔領所有地區。
正如希特勒所料，巴多格里奧元帥在九月三日與同盟軍談和。才不過幾個小時之後，德軍就佔領了義大利的大部分領土，國王和巴多格里奧逃出羅馬，而墨索里尼則是被幽禁在山上的飯店裡。
我已經六十歲了，希望能在故鄉度過晚年。
此時傳來飛機的巨響。
ブ
*嗡——

那是由史科茲尼指揮的親衛隊傘兵部隊，一舉救出了墨索里尼，並將領袖帶到了「狼穴」。
早在元首證明我們的深厚友誼之前，我始終對此深信不疑。
是你的話，就能讓義大利東山再起。**超人**是不會屈服於命運之下的。
九月十五日，墨索里尼宣告建立「義大利社會共和國」。他直到最後都是希特勒的傀儡。在東部戰線，蘇聯軍正逐步逼近波蘭國界；另一方面，同盟軍轟炸德國的攻勢也日日加劇。希特勒已經五十四歲了。

元首，若演變成雙線作戰，德國很可能會吃敗仗。
但是當我們在軍事上失利時，
更不可能在政治角力中佔到上風。
如果不能取得一時的軍事勝利，那麼一切都免談了。
一九四三年左右，他的左手和左腳開始顫抖。
ブルブルブル
*顫抖
除了每天在防空洞生活之外，庸醫莫雷爾
更是每天都開出過量劇藥給他服用。
到了這個時候，納粹黨的大權都由妖怪鮑曼一手掌握。
這傢伙只會向希特勒報告喜訊。
元首，如何？自從史達林格勒吞敗以來，您似乎連唱片都不聽了。
不如養一隻德國牧羊犬……
太可愛了，就把牠取名為布隆迪吧。
元首，請讓國民再一次聆聽您的演說吧。

請讓他們打起精神來。
戈培爾小弟，在取得勝利前，我不能出現在國民面前。
在此之前，我只能乖乖待在這座防空洞裡和你們一起
在那座山莊裡度過的全盛期，早已一去不回了。
哈哈哈哈……
元首。
希特勒不禁熱淚盈眶。一想到這裡，他彷彿老了十歲。
元首竟過著這麼不健康的生活，
令人感到十分痛心。你們這些秘書應該讓他多接觸室外的新鮮空氣……
老是在開會、報告、開會，一夜持續到天明，根本沒時間這麼做。
如果在這裡繼續煩惱下去的話……遲早都會生病的。
一九四四年六月六日，同盟軍投入了史上最大的物力，成功地在諾曼地登陸。德軍被攻了個措手不及。

無論發生任何事，都不能吵醒睡眠不足的元首；在此最高命令之下，報告來得晚了一步，早已無力回天了。
德軍已經從羅馬撤退了。
同盟軍攻到了巴黎。
在東部戰線方面，則從明斯克撤退。
蘇聯軍派出更強大的兵力……
這種報告就不必再說下去了。
德國還擁有六號、七號戰車這些秘密武器，
只要大量生產的話…

*轟隆——
參謀軍官史陶芬堡伯爵將藏有炸彈的公事包放到希特勒腳邊。那是一九四四年七月二十日的事。
啊，元首呢？
我沒事，只不過是一點擦傷。
這更加證明了我的志業都是出自神的意志。

與此計畫有關的人士全都遭到逮捕，共有四千八百九十人遭處刑。一九四四年十月十八日，終於發布了總動員令。從十六歲到六十歲的男性都受到徵召，組成「國民突擊隊」。
正如腓特烈二世所言，直到敵人叫苦示弱、不願繼續作戰為止，這場戰爭都會一直持續下去。
我們誓將奪得和平，確保德意志民族往後百年的生活，以免再次嚐到一九一八年的恥辱。
然而到了八月底，羅馬尼亞的油田落入敵手。在進入一九四五年這個全新的一年之際，德國遭受東有蘇聯軍、西有同盟軍的兩面夾擊。
ドドドドドド
ドドドドド
バ

*磅——

*砰砰砰、砰砰砰

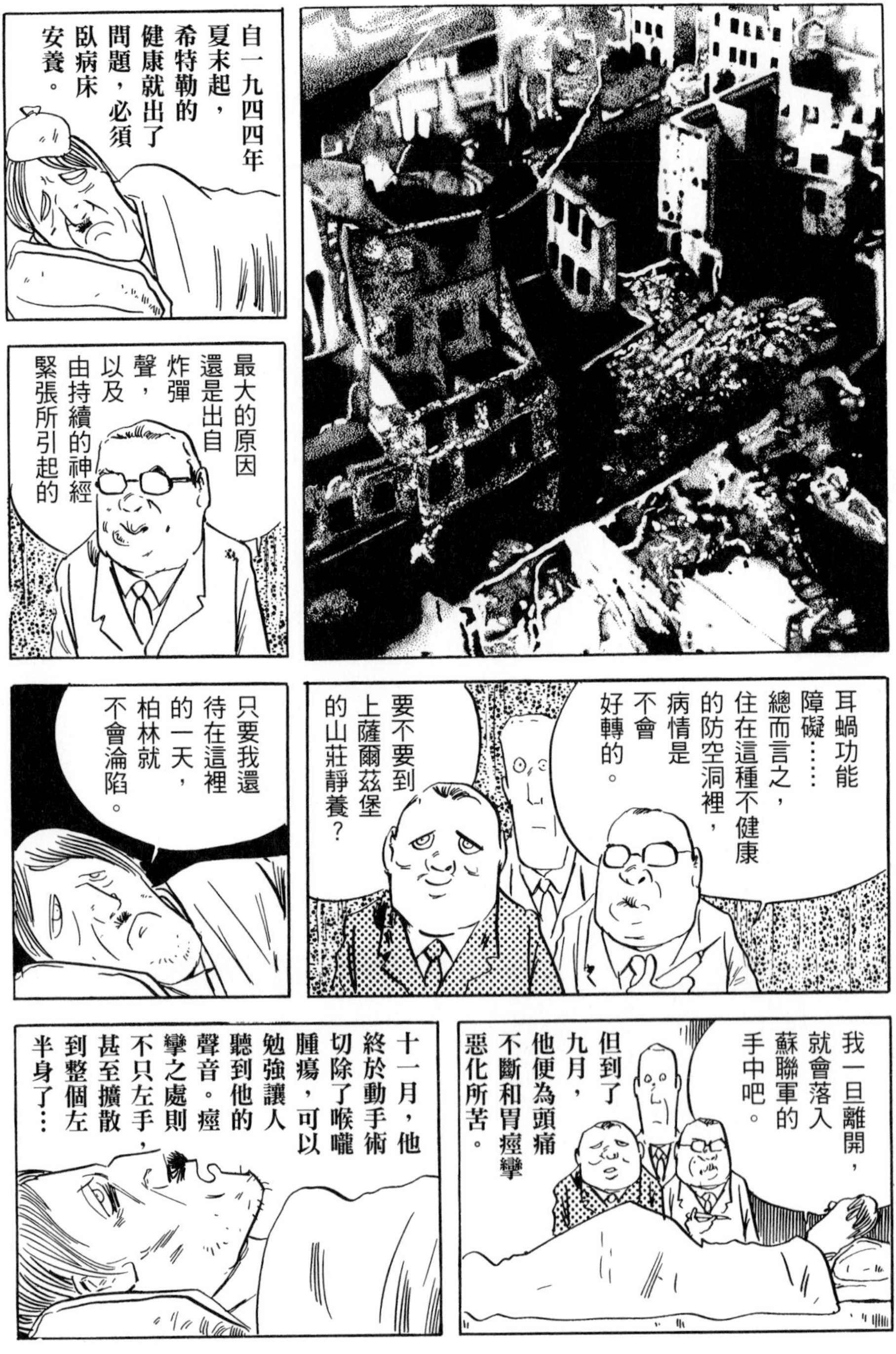
自一九四四年夏末起，希特勒的健康就出了問題，必須臥病床安養。
最大的原因還是出自炸彈聲，以及由持續的神經緊張所引起的
耳蝸功能障礙……總而言之，住在這種不健康的防空洞裡，病情是不會好轉的。
要不要到上薩爾茲堡的山莊靜養？
只要我還待在這裡的一天，柏林就不會淪陷。
我一旦離開，就會落入蘇聯軍的手中吧。
但到了九月，他便為頭痛不斷和胃痙攣惡化所苦。
十一月，他終於動手術切除了喉嚨腫瘍，可以勉強讓人聽到他的聲音。痙攣之處則不只左手，甚至擴散到整個左半身了……

一九四五年四月，伊娃·布朗來到柏林。
我打算和元首一起赴死。
妳明明只要待在山莊就好了…
但伊娃·布朗不肯聽他的話。
若人生只有幻滅一途的話，那這種人生根本沒有活的價值，死亡反倒是救贖。
希特勒終於下令採取焦土戰術（摧毀所有的一切）。
病情也略為好轉了一些，可以稍微行走了。
希特勒雖然很虛弱，但仍然保有統禦眾人之力。在巴黎陪他了解建築的史佩爾，後來當上裝備部長，成為希特勒最為信賴的人之一。然而他卻將這座防空洞稱為「死者之島」，唯有此處才能逃過地面上各式各樣的悲劇。一九四五年四月，史佩爾帶著林茲都市計畫圖來到了防空洞。

這裡是大美術館呀，這裡則是藝術家的集聚之地⋯
元首，為了讓下個時代的德國人生存，唯獨焦土戰術不能⋯
不行，史佩爾。叫你做，你照辦就是了。
元首，會議的時間到了。
元首，我們非得將大本營移到德國南部的上薩爾茲堡不可，這是最後的機會了。
戈林國家元帥，
我絕不會為了自身的安全，而將軍隊調來柏林決戰。
＊靜默
究竟要死在首都，還是在關鍵時刻逃到上薩爾茲堡，這一切雖然全交由命運決定，但身為一國元首，就應該死在首都才對。

在此之後，納粹幹部一個個開始逃亡。戈林用二十四台卡車載滿了自己的戰利品，逃到了安全之處。
不管是戈林或希姆萊，兩人都深信自己才是希特勒的接班人。戈培爾則帶著家人住進希特勒的防空洞，打算一起殉葬。
而戈培爾為了讓希特勒打起精神，
大王自己也找不出任何方法，而旗下的將軍大臣們也都以為，大王的命運就到此為止了……
大王終於放棄，決定要服毒自殺……
便念了腓特烈二世的傳記給他聽。
就在此時，俄羅斯女沙皇赫然去世，奇蹟發生了……

＊砰砰砰
一九四五年四月二十一日，傳來了蘇聯軍攻進柏林的消息。
原本計畫在郊外決戰，卻有人擅自撤退了，這些叛徒們。
我會在這裡待到最後一刻。
元首，將軍們來電，希望您立刻移駕到南德的「國家要塞」。
不行，元首要留在柏林。
我要死守柏林直到最後！
元首，請您儘快⋯我已經留了足夠的毒藥⋯
怪醫莫雷爾前來道別。

終章

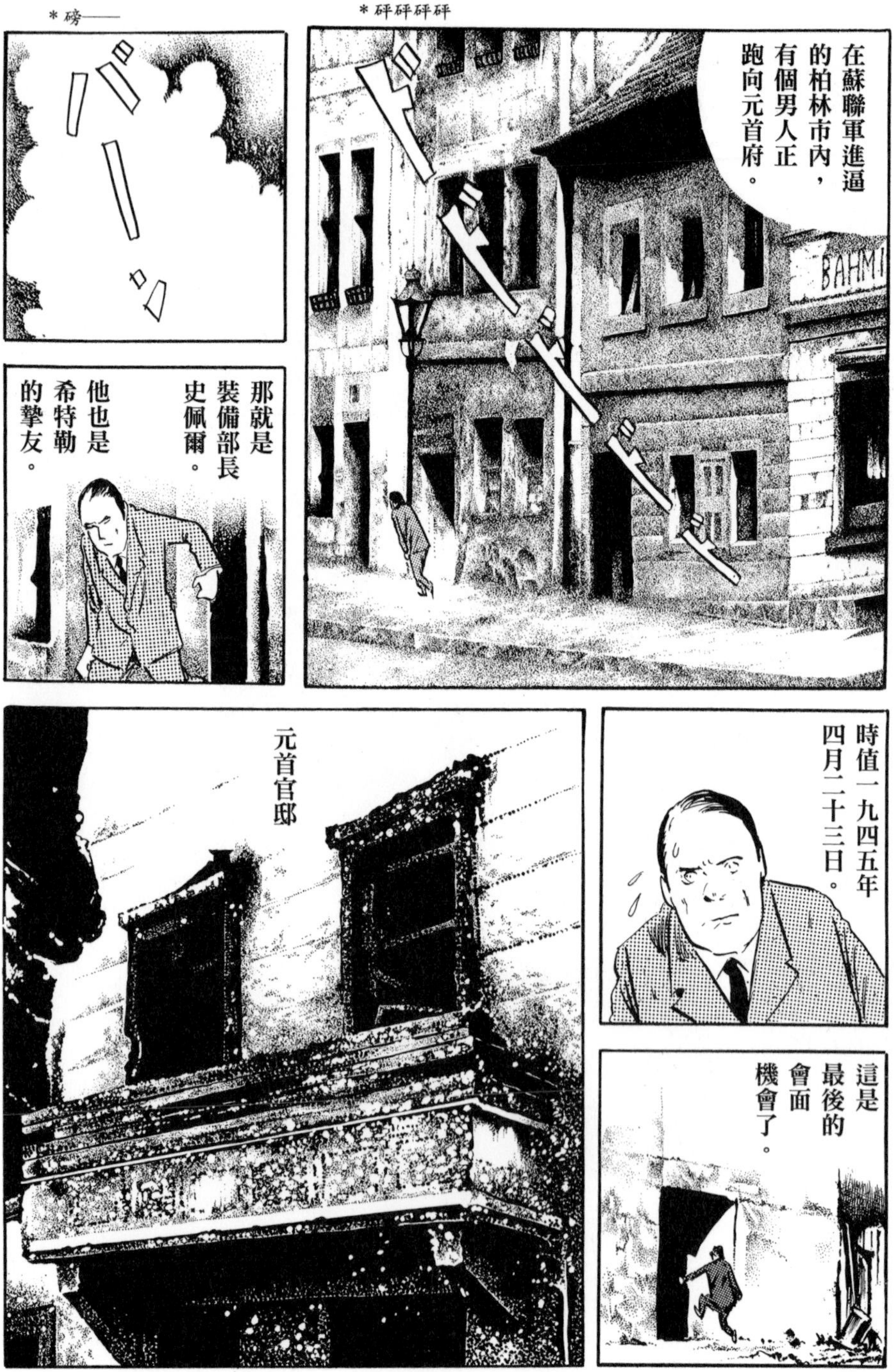
＊砰砰砰砰
在蘇聯軍進逼的柏林市內，有個男人正跑向元首府。
＊磅——
那就是裝備部長史佩爾。
他也是希特勒的摯友。
時值一九四五年四月二十三日。
這是最後的會面機會了。
元首官邸

究竟該留在此地，還是該去貝希特斯加登呢？
約德爾說，明天就是最後的機會了。
若您必須以元首身分結束自己生命，
我認為比起別墅，帝國首都會更適合。
我也打算留在此地，只是想再次聽聽你的想法。
我已經不想再繼續戰鬥下去了，但就怕自己逃過一死，活生生落到蘇聯軍的手中。
我不想讓自己的屍體遭到敵軍玩弄。
我已經下令叫人火化自己的屍體了。
史佩爾，對現在的我來說，死亡反倒是一種憧憬。
轉瞬之間就能讓我從這一切中解脫，逃離這個充滿苦惱之地。
……
……
這應該是我最後一次和元首見面了……
如果有想說的事情，應該趁現在說出口……
元首，老實說，我沒有實施焦土作戰。
為了讓下個世代的德國人能夠活下去，我留下了最低程度的物資，盡可能地妨礙了計畫。
請您原諒我。

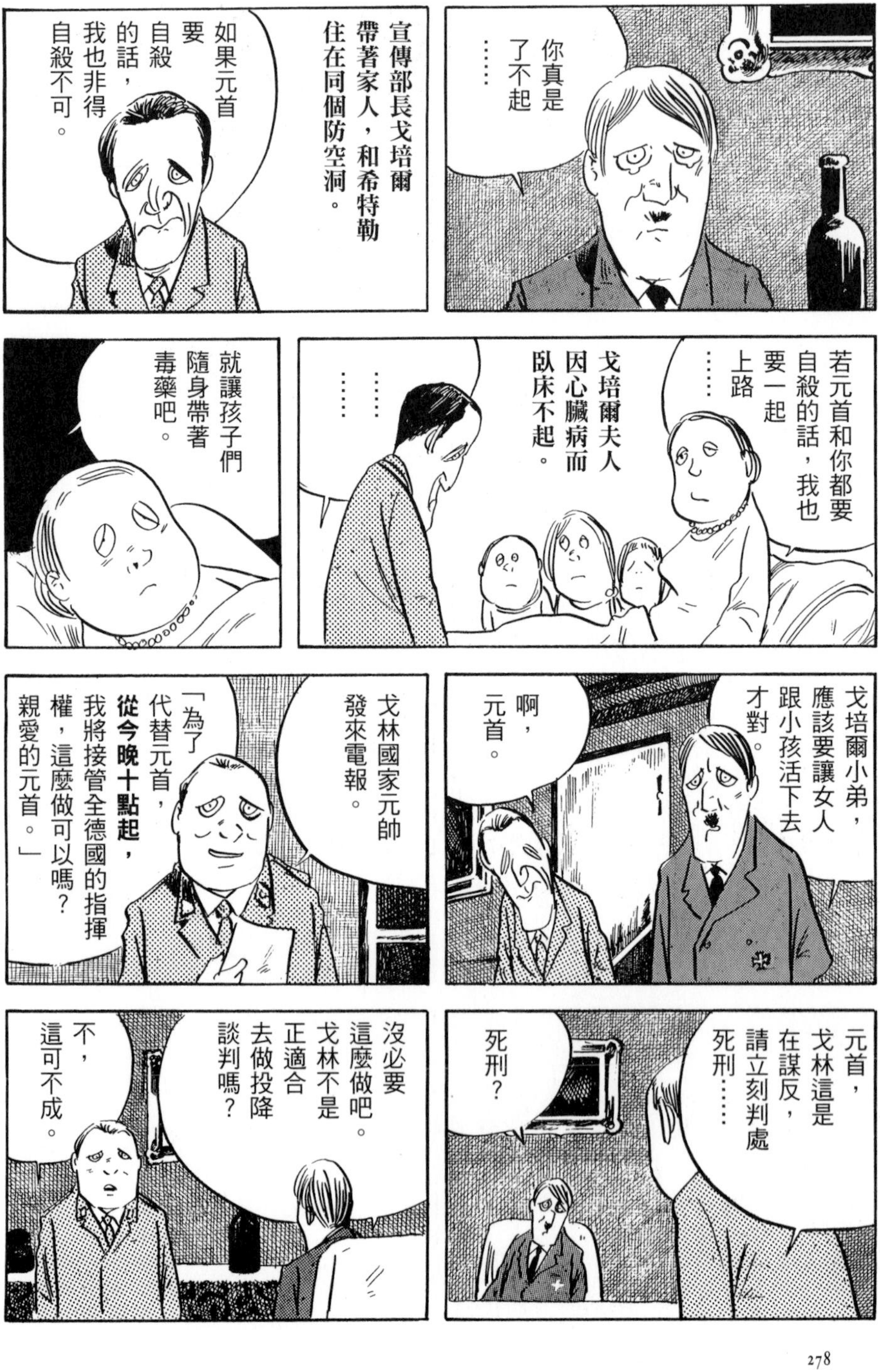
你真是了不起……
宣傳部長戈培爾帶著家人，和希特勒住在同個防空洞。
如果元首要自殺的話，我也非得自殺不可。
若元首和你都要自殺的話，我也要一起上路……
戈培爾夫人因心臟病而臥床不起。
……
……
就讓孩子們隨身帶著毒藥吧。
戈培爾小弟，應該要讓女人跟小孩活下去才對。
啊，元首。
戈林國家元帥發來電報。
「為了代替元首，從今晚十點起，我將接管全德國的指揮權，這麼做可以嗎？親愛的元首。」
元首，戈林這是在謀反，請立刻判處死刑……
死刑？
沒必要這麼做吧。戈林不是正適合去做投降談判嗎？
不，這可不成。

敦克爾克的時候，戈林說要以空軍之力毀滅英軍，最後卻失敗了……
倫敦空襲也沒成功……
而且他在史達林格勒空運物資時又再次失敗了，實在毫無可取之處。
最後，鮑曼還是動手讓宿敵戈林遭捕了。
為什麼這麼多人都非死不可呢……
布朗小姐，在下告辭了。
你終於要出發了嗎，史佩爾。
再會了。
此時，蘇聯軍已經將柏林團團包圍，組成砲陣朝元首官邸發砲。
*砰隆、砰隆——
希特勒將血統純正的納粹黨員格萊姆空軍上將叫來柏林。

*嗡——

於是格萊姆上將便和仰慕自己的女性飛行員漢娜・萊契，一同展開了潛入柏林的大飛行，並奇蹟似地在二十六日傍晚抵達地下防空洞。
格萊姆小弟，之所以請你來，是因為我希望你能接替戈林擔任德國空軍總司令。
咦，由我來當空軍總司令！
像你這樣具備德意志之魂的勇士，才配得起德國空軍總帥的職位。
我打算葬身此地。
元首，您為何非得和德國一起陪葬不可呢？
元首必須活到最後一刻。
不，漢娜，我是為了德國名譽而死。

對了，最後我有一份禮物，要送給忠勇的你們。
說完之後，他將裝有毒藥的小瓶交給兩人……
……
……
四月二十七日，蘇聯軍將範圍縮小到希特勒身處的防空洞展開了集中砲火攻擊。當晚召開了一場會議討論彼此的自殺方式。
＊砰砰砰砰
要等到被蘇聯兵抓住時才自殺嗎？
這麼一來就太遲了。
總而言之，各位！當蘇聯兵現身時，就以此為信號赴死吧。
自殺會議就此結束。

一九四五年四月二十八日，有部分蘇聯軍已經進逼到柏林市中心附近了。此時，英國廣播公司傳出希姆萊背叛了希特勒，打算單獨與美軍談和的消息。
希特勒向來十分信賴希姆萊，因此受到了相當大的打擊。
格萊姆空軍總司令！立刻解決希姆萊。
格萊姆和漢娜為了進行最後的任務，再度坐上了老舊飛機。
ゴ
*嗡——
眼下的柏林街景，已化為一片火海。

二十九日凌晨一點，
希特勒決定和長期照顧
自己的艾娃・布朗結婚。
他也向女秘書
榮格夫人口述了
自己的遺書。
政治遺書
「這場戰爭儘管遇上了
各式各樣的阻礙，但歷史
遲早會承認，這是一國之
民為了展露生存意志，所
做出最勇敢的表現吧……
……到了現在這種時候，
我實在無法捨棄作為帝國
首都的柏林……這場戰爭
的責任，應該全都會推到
我一個人的頭上吧……」
個人遺書
「在這國家淪亡之前，
一直以來始終懷抱著誠意
和友情，在這個四面楚歌
的城市裡與我風雨同舟的
婦人（艾娃），我決定將
她迎娶為妻。我長年下來
收購的繪畫作品，是為了
在故鄉林茲建立美術館所
收集。其餘的些微財產，
就交給近親繼承。我們不
願受逃亡或投降之辱，
因此才選擇一死。
奉獻給我國民族的這十二
年間，就在每天執行大部
分公務的此處，希望能立
即火化我們的遺骸。」
阿道夫・希特勒
到了中午，
打開收音機
一聽……
墨索里尼和
情婦克拉拉
雙雙遭到
殺害……

傳出了遺體在米蘭
遭到公開示眾的消息。
希特勒立刻下定決心。
毒殺愛犬布隆迪！
把兩位女秘書叫過來。
謝謝妳們長期以來的照顧。
……
……
這是毒藥，想用的話就用吧。
我沒辦法給妳們更好的禮物了，很抱歉。
四月三十日凌晨兩點……
所有士官和女士都到一般餐廳集合，元首將為各位送上最後的道別。

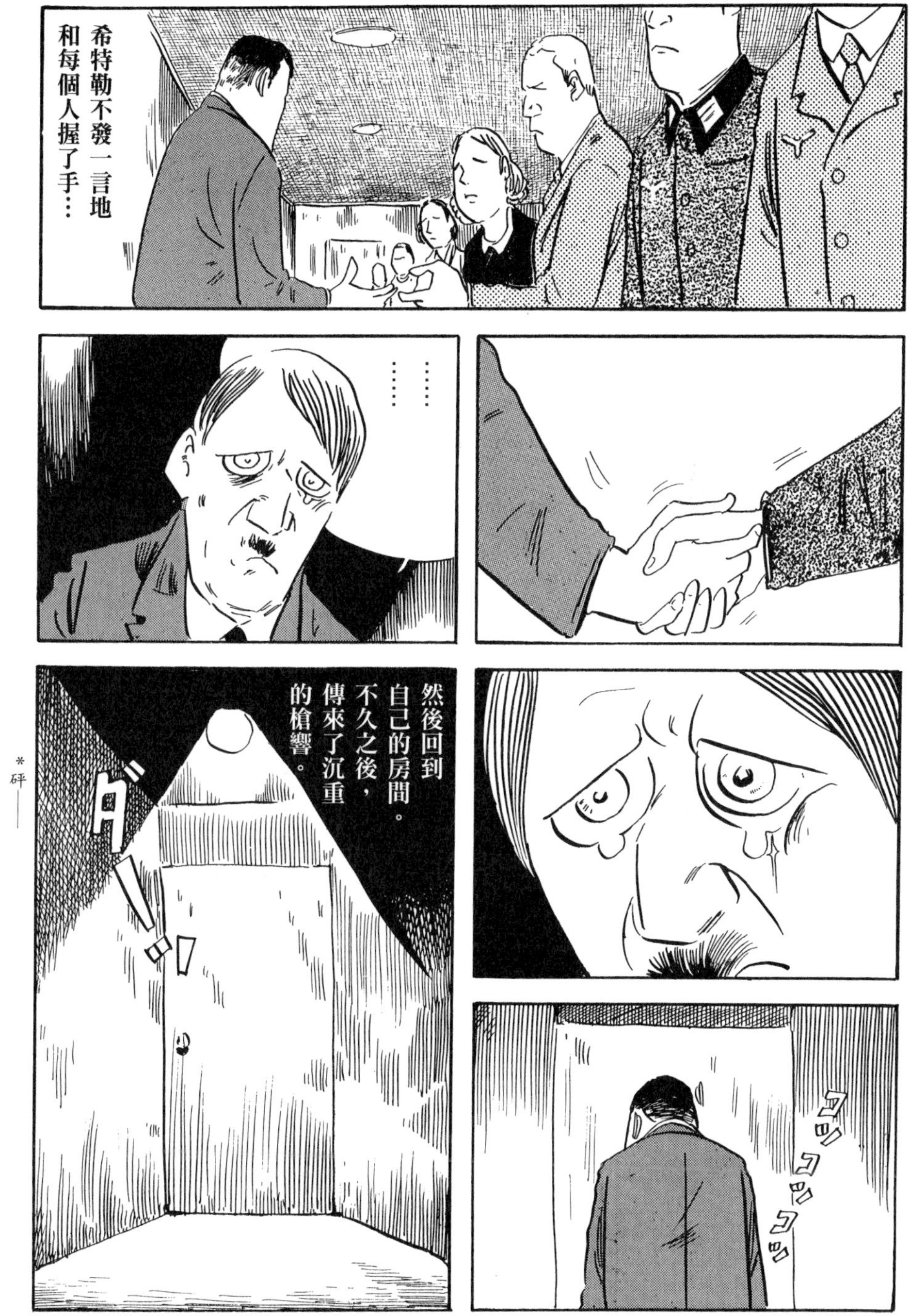
希特勒不發一言地
和每個人握了手…
……
……
然後回到
自己的房間。
不久之後，
傳來了沉重
的槍響。
*砰——
ダ
ン
コツ
コツ
コツ

*咯噔、咯噔

打開門一看，
他已經渾身浴血
倒在地上，飲彈
身亡。艾娃則是
服毒自殺。
時鐘指著三點半。
希特勒的司機淋上汽油，
將兩人的遺體火化。

＊希特勒萬歲——

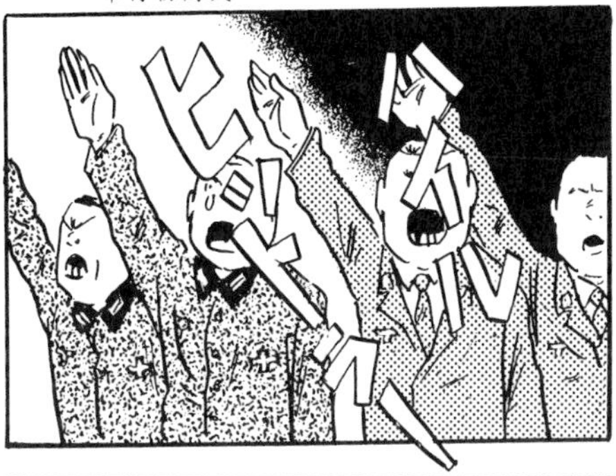

＊萬歲——

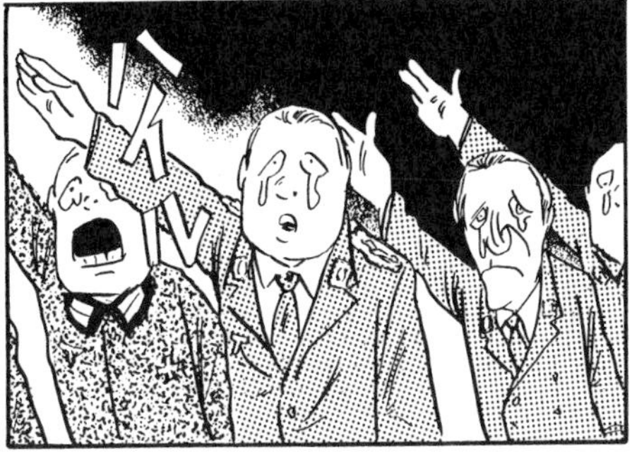

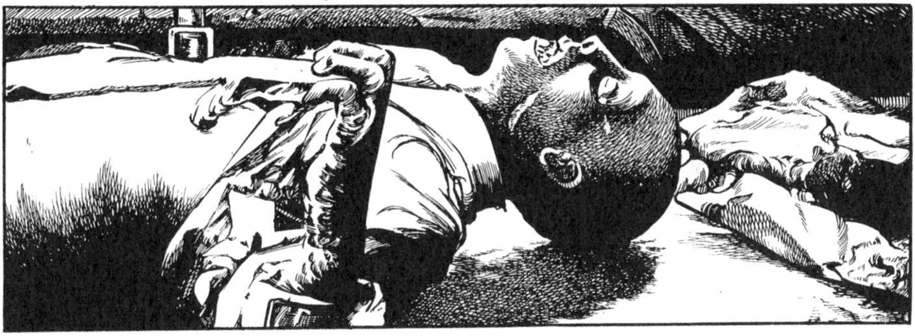

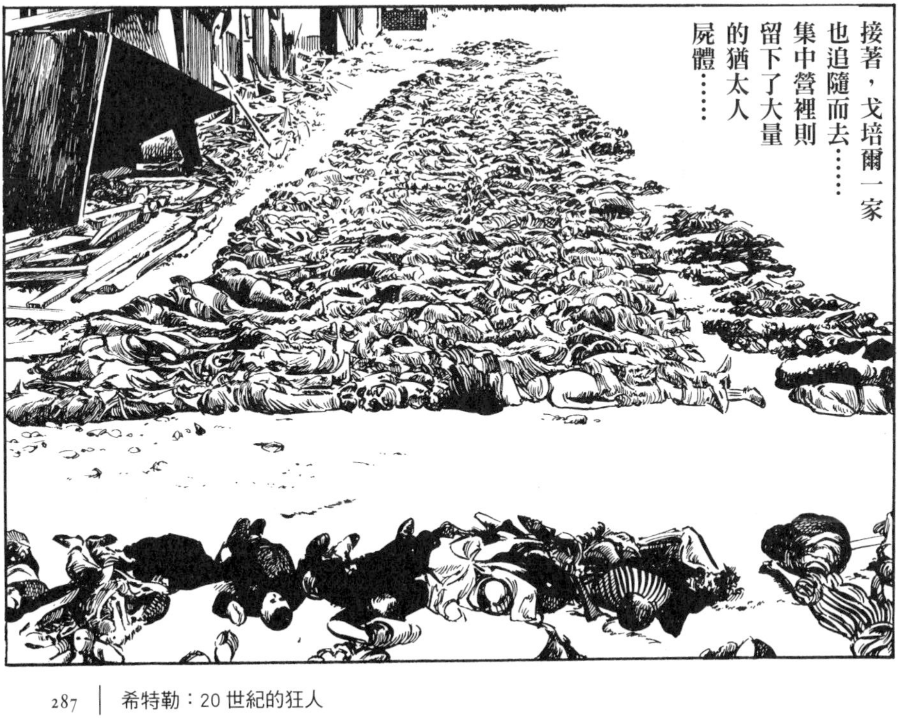
接著，戈培爾一家也追隨而去……
集中營裡則留下了大量的猶太人屍體……

德國各地
成了一片
毫無止境的
廢墟……

這就是希特勒
獻給德國人民的
「千年帝國」……

主要參考文獻

《若きヒトラー》　小笠原久正

《二十世紀の大政治家5　ヒトラー》　Werner Maser／村瀬興雄、栗原優譯

《現代史大系2　アドルフ・ヒトラー》　Alan Bullock／大西尹明譯

《ヒットラーがそこへやってきた》　西義之

《少年少女20世紀の記録　第二次大戦とヒトラー》　村田豊文

《永遠なるヒトラー》　Hermann Rauschning／船戸満之譯

《ヒトラー最後の戦闘》　Cornelius Ryan／木村忠雄譯

《アドルフ・ヒトラー》　John Toland／永井淳譯

《アドルフ・ヒトラー　第三帝国への序曲》　山口定

《写真集ヒトラー　第三帝国・興亡の記録》　小笠原久正編

《わが闘争》　Adolf Hitler／将積茂、平野一郎譯

《ヒトラーとナチス》　Hermann Glaser／関楠生譯

《ナチズム　ドイツ保守主義の系譜》　村瀬興雄

《ナチスの時代　ドイツ現代史》　Hermann Mau、Helmut Krausnick／内山敏譯

《ナチス狂気の内幕》　Albert Speer／品田豊治譯

《第三帝国の興亡》　William Shirer／松浦伶譯

《国防軍とヒトラー》　John W. Wheeler-Bennett／山口定譯

《希特勒：20 世紀的狂人》相關地圖

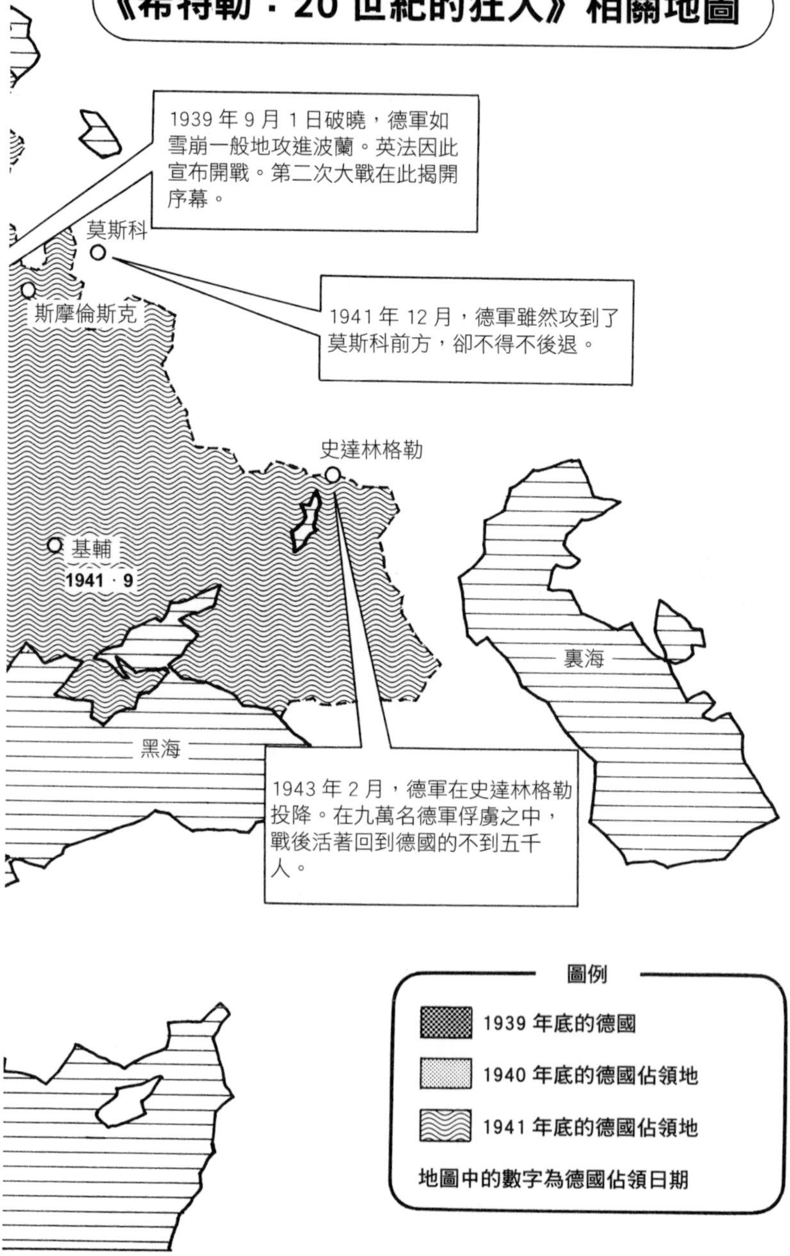
1939 年 9 月 1 日破曉，德軍如雪崩一般地攻進波蘭。英法因此宣布開戰。第二次大戰在此揭開序幕。
莫斯科
斯摩倫斯克
1941 年 12 月，德軍雖然攻到了莫斯科前方，卻不得不後退。
史達林格勒
基輔
1941．9
裏海
黑海
1943 年 2 月，德軍在史達林格勒投降。在九萬名德軍俘虜之中，戰後活著回到德國的不到五千人。
圖例
1939 年底的德國
1940 年底的德國佔領地
1941 年底的德國佔領地
地圖中的數字為德國佔領日期

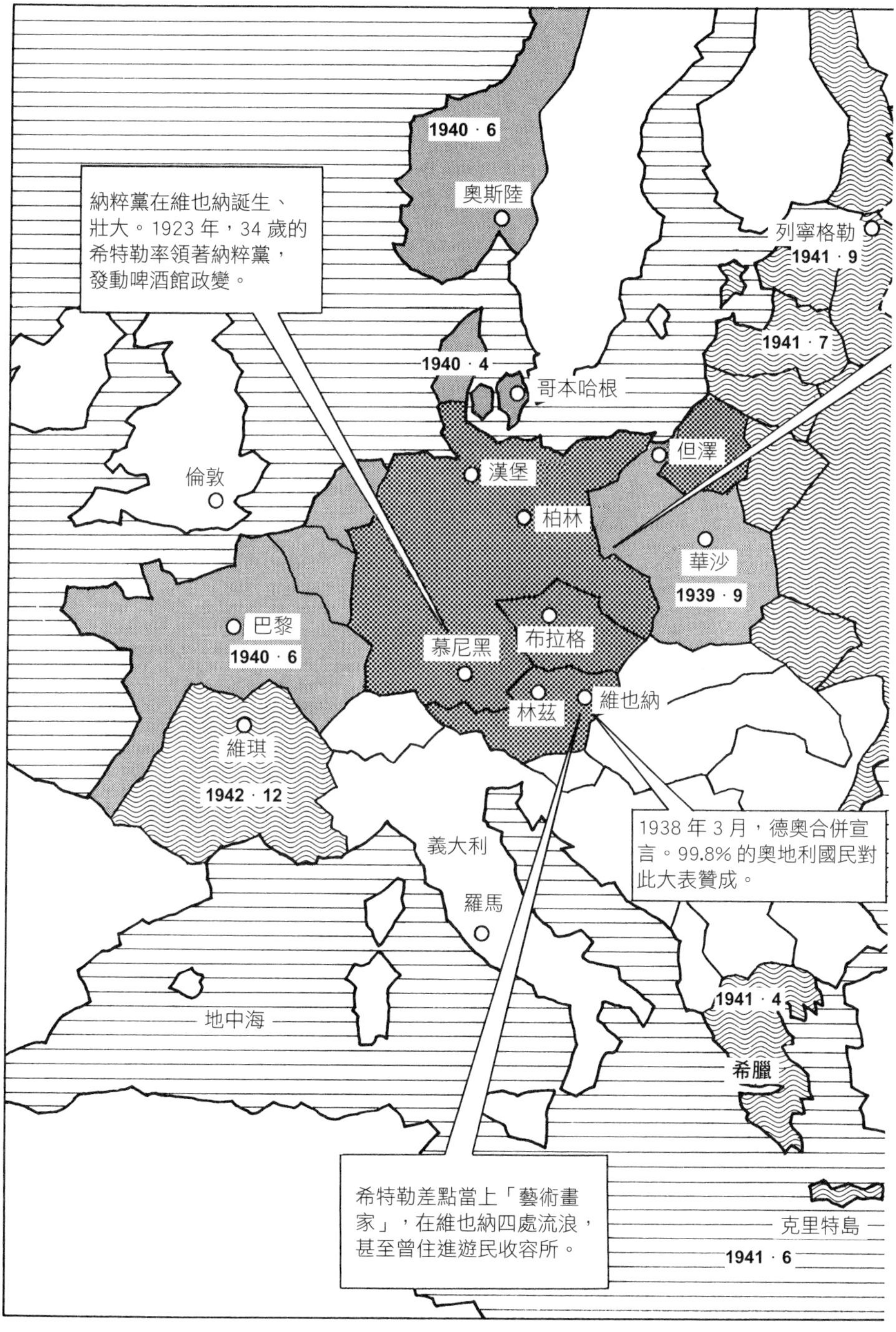
1940．6
奧斯陸
納粹黨在維也納誕生、壯大。1923 年，34 歲的希特勒率領著納粹黨，發動啤酒館政變。
列寧格勒
1941．9
1941．7
1940．4
哥本哈根
但澤
漢堡
倫敦
柏林
華沙
1939．9
巴黎
1940．6
布拉格
慕尼黑
林茲
維也納
維琪
1942．12
1938 年 3 月，德奧合併宣言。99.8% 的奧地利國民對此大表贊成。
義大利
羅馬
1941．4
地中海
希臘
希特勒差點當上「藝術畫家」，在維也納四處流浪，甚至曾住進遊民收容所。
克里特島
1941．6

後記
「希特勒先生」

打從我大約十八歲的時候，希特勒先生就開始大為活躍，因此我對他印象十分深刻。

畢竟他的演說功力極為高超，相信對大多數的德國人來說，那種感覺應該就像是被灌了酒一樣吧。

畢竟是他現身率領德國邁向戰勝的，實在令人不由得心醉。

嗯，就一般常識來說，英、法兩國也就罷了，在此之外居然還和蘇聯交戰。現在想起來，簡直像是毫不考慮自身國力就輕易開戰一樣。

換句話說，在面對小國的時候，尚能依賴時勢取勝。然而在與大國對戰的時候，絕非僅靠「情感」二字就能簡單收場的。畢竟「大國」可是不會就這麼輕易認輸的，無論如何都免不了陷入長期戰。

希特勒先生就是對自己的力量太過自信了，對俄戰爭才會一直處於不順。果然在面對「大國」的時候，還是得保持理性才行。

無論如何，就連當時還不知世事、區區一介十八歲少年的我，都認為對俄開戰實在太過冒險了。

這部《希特勒》已經是三十年前的作品了，如果記得沒錯的話，是《漫畫SUNDAY》雜誌請我自由發揮，我才開始提筆作畫的。

儘管希特勒先生靠著出人意料的手段當上德國元首，進而發動世界大戰。但現在回想起來，除了和英、法開戰之外，竟然還對蘇聯出手，不管怎麼想都實在太亂來了。就我看來，希特勒或許是擁有什麼神秘的力量，才會讓德國人如此容許他的所作所為吧。

然而蘇聯非但是大國，幅員也極其遼闊，希特勒的「電擊作戰」在此是派不上用場的，因此才落得失敗收場。但德國人居然還能容許這種做法，可見他們果然是醉倒在希特勒的神秘力量之下了吧。

當時才十八歲的我，也對希特勒先生感到心醉不已。

雖然想留起希特勒的「小鬍子」，但對十八歲的少年來說還是太勉強了。不過東條英機首相當時同樣也留著鬍鬚，儘管他可能有意成為日本的希特勒，但還是不幸輸掉了戰爭。無論如何，當時的希特勒先生都實在太帥了呢。

雖然他只要胡亂高舉右手便一路打勝仗，但最後還是落得走投無路而自殺身亡的下場。人果然還是不能太逞強呢。

（原文首刊於《復刻版 劇画ヒットラー》（実業之日本社，2003年2月5日））

大河 35

希特勒：20世紀的狂人
劇画ヒットラー

作者——水木茂
譯者——酒吞童子
執行長——陳蕙慧
總編輯——郭昕詠
責任編輯—陳柔君
編輯——徐昉驊
行銷總監—陳雅雯
行銷企劃—尹子麟、余一霞、張宜倩
封面設計—霧室
排版——簡單瑛設

出版者——遠足文化事業股份有限公司（讀書共和國出版集團）
地址——231新北市新店區民權路108-2號9樓
電話——(02)2218-1417
傳真——(02)2218-0727
電郵——service@bookrep.com.tw
郵撥帳號—19504465
客服專線—0800-221-029
網址——http://www.bookrep.com.tw
Facebook—日本文化觀察局（https://www.facebook.com/saikounippon/）
法律顧問—華洋法律事務所　蘇文生律師
印製——呈靖彩藝有限公司

初版一刷　西元2018年11月
初版十一刷　西元2023年10月